誰でも わかる！ 業務 フローチャート のつくり方

石井 真人 著

ビジネス教育出版社

　本書は、「誰でも読める業務フローチャートを、誰もがつくれるようになってほしい」、そして、「業務フローチャートを有効活用する人が増えてほしい」という願いを込めて執筆しました。

　著者は、株式公開や内部統制のコンサルティング経験の中で業務フローチャートの作成スキルを習得し、セミナー講師をする機会にも恵まれました。その後、新規事業の立ち上げサポートをしていた時期に、何もない状態から堅実にビジネスモデルを構築していくには"誰もが読みやすいマニュアル"が必要だと痛感し、業務フローチャートをマニュアル化するようになりました。

　また、業務フローチャートを作成したにもかかわらず、仕事で使うことなく放置してしまい、良い結果を得られないケースも見てきました。その原因を追究していった結果、運用管理の重要さを認識することができ、その実務的な対応方法についても試行錯誤してきました。

　これらの経験によって培った"基本と実践的なハウツー"を本書にまとめたつもりです。業務フローチャートの作成から運用に至るまで、本書が一助となれば幸いです。

　少し話は変わりますが、本書出版のきっかけは、X（旧Twitter）でバズった「心の残業」に関するポスト（旧ツイート）でした。「心の残業」とは、"身体が職場を離れても、プライベートで仕事のこと

を考え続けている時間、状態のこと"です。この「心の残業」を回避するためには、業務に"ゆとり"を持つことも大切であり、その"ゆとり"をつくることにも業務フローチャートが貢献します。これは、著者自身が「心の残業」に苦しみ、業務フローチャートを活用して解消できた経験あってこその実感です。このような経緯があり、ビジネス教育出版社様が「心の残業」ポストに関心をお持ちくださった際に、"誰でもつくれる、読める業務フローチャート"のハウツーを紹介する機会を頂けることとなりました。基本的には法人向けの内容になっていますが、個人レベルにおいても、大いに活用してもらえることを切に願っています。

　なお、まずは"本書サンプルを再現する"つもりで練習してみることをおすすめいたします。簡単そうなフローチャートに見えても、実際に手を動かして作図してみなければ、スキルの習得には繋がりません。逆に、白紙の状態からサンプルを再現できるようになれば、細やかな部分までしっかりと理解して、自在に創意工夫をできるようになると思います。

　最後に、今回の出版にあたってご尽力くださったビジネス教育出版社　編集部の中河直人様、そしてX（旧Twitter）で力強くサポートしてくださった吉村英崇様（@Count_Down_000）には、この場をお借りして御礼申し上げます。

石井　真人

誰でもわかる！
業務フローチャートのつくり方

目次　CONTENTS

ダウンロードサービスについて

本書の巻末付録はダウンロードして使用することができます。
業務フローチャートを作成する時のひな型としてご使用ください。
なお、巻末付録に掲載してある図表はダウンロードできるひな型
の一部となります。

■ ダウンロード方法

❶ https://www.bks.co.jp/download/202308ishii/index.html

❷ 該当のファイルを選択してください

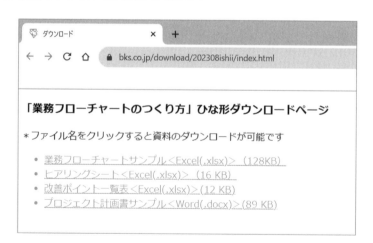

【注】
・〈閲覧のための推奨ブラウザ〉Google Chrome
・スマートフォンでも閲覧可能ですが、PCやタブレットでのご利用をおすすめします

第1章

誰でもつくれる、読める
業務フローチャートの基本

まずは業務フローチャートの役割を知る

業務フローチャートの役割

　業務フローチャートは誰もが聞いたことがあるほど浸透しているビジネス用語ですが、実際に作成できる人材は少ないのが実情です。その根本的な問題点は、業務フローチャートを作成する機会が乏しいことにあると思います。業務フローチャートが活躍する場面は、業務マニュアルとしての利用や、業務改善、業務開発、システム導入、ＤＸ対応、株式公開および内部統制など多岐にわたりますが、いずれも外部の力を借りてしまうと社内で作成する機会が減ってしまいます。作成する機会がなければ、スキルを習得できないことは言うまでもありません。そして、これら組織体制を強化していく場面で必要とされるならば、業務フローチャートは、本来的には会社が保有しておくべき技術の１つだと言えます。

　業務フローチャートとは、業務を可視化したものです。業務を可視化することで、業務の流れと全体像を"構造的につかめる"ようにする役割を発揮します。そして、構造的に捉えた視点が作業１つひとつの意味や意義を明らかにするため、業務の適切性や、改善の方向性を正しく判断する助けとなります。だからこそ、組織体制を強化していく場面で重宝するのです。

　ところで、あるべき業務を可視化することは、文章による記述だけでも行えるはずです。それにもかかわらず、記号を使って図式化する理由は圧倒的にわかりやすいからです。業務の流れを文章だけで記述した場合、詳細な作業内容まで明確にしやすい利点がありますが、文字数がかなり増えるため"読むストレス"が生じます。さらに、その膨大な文字情報からヒト・モノ・カネ・情報の動きを立体的にイメージすること、全体像や

構造をつかむことが難しくなります。その点において、絵のような業務フローチャートは大きな視点でざっくり流れや全体像を捉えることに長けており、多くの人にわかりやすく業務を伝える役割を果たしてくれます。

▶業務フローチャートの役割のイメージ

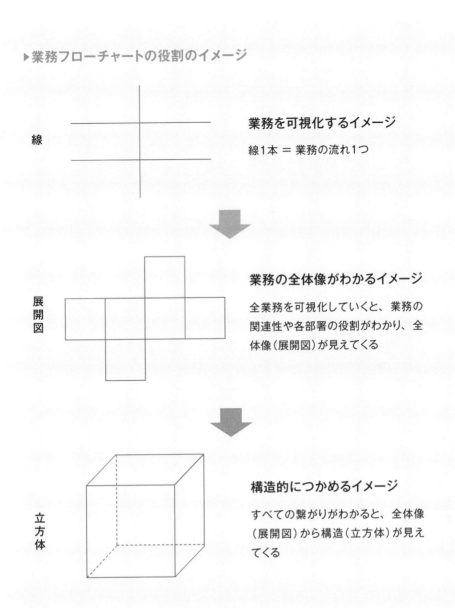

業務を可視化するイメージ

線1本 = 業務の流れ1つ

業務の全体像がわかるイメージ

全業務を可視化していくと、業務の関連性や各部署の役割がわかり、全体像（展開図）が見えてくる

構造的につかめるイメージ

すべての繋がりがわかると、全体像（展開図）から構造（立方体）が見えてくる

業務フローチャートの作成範囲

　業務フローチャートの作成範囲は、目的によって異なります。例えば、実務担当者の業務を見直す目的であれば、一般的にはその部署内における業務を網羅すれば良いと思います。もしも、業務系システムの導入など特定の業務を軸にした目的であれば、付随する業務まで網羅できれば理想的です。多くの場合は、このように部署単位や業務単位を軸にして検討することで作成範囲を決めやすくなります。

　ただし、組織全体の変革を目的にする場合は、すべてを掌握するつもりで、可能な限り広い範囲を対象にした方が良いと考えます。変革とは、ビジネスの在り方や組織体制の構造を抜本的に見直して、新たなカタチに変化することです。業務フローチャートの作成範囲が狭いと部分的な視野・視座・視点になりがちなため、抜本的な見直しは困難なものとなります。しかし、ほぼすべての業務について掌握することができれば、変革の糸口を発見する助けになっていく可能性があります。

　また、広辞苑によると"業務"は「事業・商売などに関して、日常継続して行う仕事」であり、"フローチャート"は「作業や処理の手順を特定の記号を用いて図式的に表現したもの」です。これらをまとめると、業務フローチャートとは「**日常継続して行う仕事について、作業や処理の手順を特定の記号を用いて図式的に表現した書類**」だと言えます。日常継続して行う仕事ということは、イレギュラーを除いた基本パターンが対象と考えることができます。

　まずは、業務フローチャートは目的に応じて作成範囲の検討が必要であること、そして基本パターンを対象とすることが原則である、と覚えておいてください。

② 本書で紹介する 業務フローチャートのサンプル

業務フローチャートの形式は自由

　業務フローチャートの形式には決まったルールがないため、使用するソフトや作成者の違いよって多種多様な形式が生み出されることになります。そのため、業務フローチャートの読み方が一律ではなく、難しい印象を与える要因にもなっています。特に、多くの記号やルールを用いた業務フローチャートの場合は、複雑な印象が強くなって読み手側はストレスを感じることになります。ルールが複雑になれば、作成スキルを習得する難易度が高くなり、誰でもつくれる業務フローチャートにもなりません。そこで本書では、直感的にわかる範囲の記号だけを使うことにして、"誰でもつくれる、読める業務フローチャート"を実現できる作図ルールを紹介します。

簡単な業務フローチャートの良さ

　業務フローチャートは、作図ルールが簡単になることでやや精巧さに欠ける部分は生じますが、その分だけ運用のしやすさが向上します。簡単な業務フローチャートだからこそ、短時間で作図できる利点を持ち、さらに大勢で共有しやすい利点があるため、日々の仕事で扱いやすくなるのです。

　筆者は、本書で紹介する作図ルールによって業務マニュアル、業務改善、業務開発、システム導入、ＤＸ対応、株式公開および内部統制に至るまで問題なく対応してきました。そのため、簡単な業務フローチャートだからといって、その有効性を損なうことはありません。

　複雑で難しい業務フローチャートでは一部の人しか理解できませんが、簡単な業務フローチャートだからこそ全従業員が扱えるのであり、会社が保有する技術として定着しやすいポイントになります。

▶ **本書で紹介する業務フローチャートのサンプル**

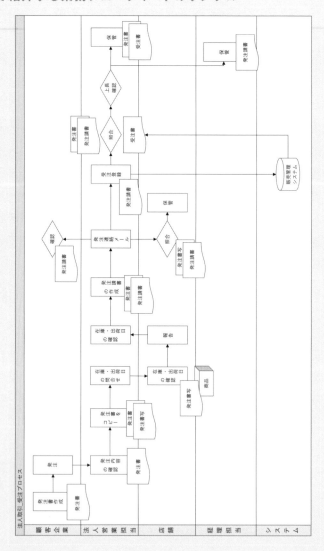

③ 業務フローチャートが活躍する主な場面と目的

業務フローチャートが活躍する場面

業務フローチャートが活躍する場面は、業務マニュアルとしての利用や、業務改善、業務開発、システム導入、ＤＸ対応、株式公開および内部統制など多岐にわたります。これらすべてに共通していることは、その目的に応じた適切な業務設計を目指している点です。このように書くと少々堅苦しい印象ですが、要はムリ・ムラ・ムダを省いて、効率的に成果を出せる業務を実現させたいわけです。

ただし、それぞれ目的によって求める成果が異なるため、フロー図を作図する時の観点が変わることに注意しなければなりません。この観点を間違えて作図すると"使えない書類"になる可能性があるため、ここでは各場面における目的と必要な観点を説明していきます。

❶業務マニュアルとして利用する場合

一般的に業務マニュアルは、業務方針等を示した上での文章による説明が基本であり、必要に応じて画像や図表を駆使してノウハウや判断基準をまとめて、実務担当者が正しく作業できるようにすることを目的にしています。

業務マニュアルは作業内容を詳細に説明できる利点があって、設計した業務を定着させる時に役立ちます。そのため必要な観点は、誰が処理しても同じ結果になるように伝えることです。

しかし、作業内容を丁寧に説明すればするほど文章が長くなって"読むストレス"が生じるため、読まずに日々の仕事をこなそうとする人が増え

る傾向があります。その結果、マニュアル通りの業務遂行がなされず、個々人のやり方で処理しているケースが多くなって属人的な業務に変わりやすい問題を抱えています。

このような問題を回避しやすくするため、本書では業務フローチャートをマニュアル化する方法を紹介していきます。詳しくは第7章で後述しますが、業務フローチャートをベースにすることで業務の全体像と流れを視覚的につかめるようにして、詳細な作業手順等については画像や図表を添付してわかりやすくし、なるべく文章による説明を減らします。

❷ 業務改善の場合

業務改善は、例えばムリのある処理方法によってミスが多発している時や、担当者によって処理結果が異なるムラのある時や、ムダに手間のかかっている手順がある時に行います。このようにムリ・ムラ・ムダが発生している業務上の問題点を解決して、業務全体の有効性と効率性を高めることが目的です。

そのため必要な観点は、現在行っているすべての作業を洗い出すこと、そして作業の結果である書類や電子ファイル等をすべて明示することです。これによってムリ・ムラ・ムダが発生しているポイントを正しくつかめるようになります。なお、改善施策が決まった後は、改善前と改善後の違いについて、業務フローチャートでわかりやすく明示することができます。

❸ 業務開発の場合

本書における業務開発とは、今まで存在していなかった業務を新たに作り出す取り組みを指しています。例えば、計画段階の新規事業において、白紙の状態から業務を設計することが挙げられます。

このような業務開発では、存在していない業務について具体的な流れや処理方法等を想像しながら作図していくため、完璧な業務フローチャ

ートを求めることはできません。そこで、新たに作り出す業務について「おそらく、このような業務設計で上手く処理できるだろう」という仮説を立てることが目的となります。

この仮説において重視するべき観点は、新たに発生するヒト・モノ・カネ・情報の流れについて、最初から最後まで"あるべき姿"を洗い出すことにあります。実際にその新業務が始まってみないと細かい手続きははっきりしませんが、ヒト・モノ・カネ・情報にはそれぞれ理想的な処理方法や処理結果があるはずです。これを頼りにすれば、抜けの少ない仮説の業務フローチャートが仕上がります。

この仮説の業務フローチャートがあることで、未体験の業務に対しても作業を進めていきやすくなります。そして、実際に作業をしてみて適合していない部分があっても、実態に合わせて修正すれば、最終的には完璧な業務フローチャートに仕上げることができます。

❹システム導入の場合

本書におけるシステム導入とは、新たなシステムを導入する時や、既存システムの機能が変わる場面を指しています。システム導入には、製品化されたパッケージ型システムを導入する場合と、独自にオーダーメイド型システムを構築する場合があります。

前者の場合は、パッケージ型システムに合わせて業務フローチャートを変更していくことになり、後者は現状の業務フローチャートを把握した上でオーダーメイド型システムを設計していくことが基本になります。

いずれの場合も、システム導入に伴う業務の変更点を明らかにすることが目的となります。そのため必要な観点は、システムを使う作業や処理を網羅することと、システムから出力されるデータや帳票類・証憑書類等の動きがわかることです。

❺DX対応の場合

　DXはデジタルトランスフォーメーションの略称であり、本書における DX対応とは、データやデジタル技術を活用してビジネスや組織を変革させていく取り組みを指しています。現在、あらゆる産業においてDXによってビジネス環境の激しい変化に対応し、競争力の優位性を確立することが求められています。

　DX対応は変革であるため、業務フローチャートによってほぼすべての業務について掌握することが目的となります。例えば、全業務を掌握することで「いつ、どこに、どのようなデータが存在しているのか？」を把握できるようになります。それらデータの画期的なデジタル活用を発案できれば、ビジネスの在り方や組織体制の構造を抜本的に見直す切り口になるかもしれません。そのため必要な観点として、少なくともすべてのデータの在処がわかることを挙げられます。

❻株式公開および内部統制の場合

　株式公開とは、自社が発行する株式を株式市場において自由に売買できる状態にすることです。つまり、自由な株式譲渡が制限されている会社から、不特定多数の株主に株式を所有してもらう上場企業になることです。株式公開時には多くの審査があり、その審査を突破した会社だけが上場できます。

　内部統制とは、不祥事を起こせない仕組みを構築するとともに、健全な事業運営を実現するために効率化された社内管理体制を整えることです。特に金融商品取引法における内部統制には、投資家保護の観点から「業務の有効性および効率性、財務報告の信頼性、事業活動に関わる法令などの遵守、資産の保全」という4つの目的があり、上場企業や上場審査を受ける企業に適用されます。

　この内部統制において、作成が求められる書類に3点セットと呼ばれ

るものがあります。この３点セットの１つが業務フローチャートであり、他２点は業務記述書とリスクコントロールマトリクス（RCM）と呼ばれるものです。ざっくりと言えば、この３点セットで取引と会計処理の流れを整理し、リスクが発生しそうな作業を識別して対策を講じることになります。

　金融商品取引法で内部統制が施行される以前から、主要な販売業務・仕入業務・外注業務等の業務フローチャートが上場審査で求められていました。これは取引発生から会計処理等に至る一連の手続きを図式化し、主に有価証券報告書等を適時適切に開示できる体制があることを示す目的で作成します。その上で牽制機能が有効である各種規程と整合性していることや、業務フローチャートと実態が一致していることなどが審査されます。基本的な目的や観点には共通点が多いため、現在では、３点セットを作成する際に主要な販売業務・仕入業務・外注業務を含めるようにしている会社が多いと思います。

　やや専門的な話になってしまいましたが、３点セットは毎年評価されるため適切な状態で維持しつづけなければなりません。エクセルやVisio（ビジオ）を使って対応する場合、専用ソフトを導入する場合、外部企業の協力を得る場合と対応方法は色々とありますが、いずれにしても業務フローチャートの技術を保有している会社でなければ日々のメンテナンスで苦労することになります。

業務フローチャートのメリットとデメリット

5つのメリット

　業務というものは連続した作業がまとまったものであり、人、場所、時間等が移り変わりながら、たくさんの作業が流れていきます。その作業もまた行為の連続であり、1つひとつの行為は刹那的に流れ消えていきます。つまり、連続した行為からなる業務の流れは、目に見えるカタチで残りづらいものと言えます。

　このような業務の流れは、フローチャートを作成することで可視化された書類となり、初めて目に見えるカタチとなります。目に見えない業務をイメージしながら考察することは難しいですが、可視化することで業

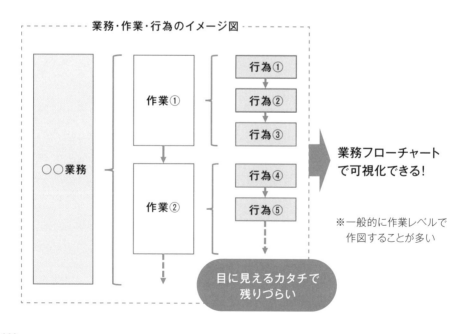

業務・作業・行為のイメージ図

作業① { 行為① → 行為② → 行為③

作業② { 行為④ → 行為⑤

○○業務

業務フローチャートで可視化できた!

※一般的に作業レベルで作図することが多い

目に見えるカタチで残りづらい

務をイメージする負担がなくなります。また、業務内容を正しく記憶し続けることも難しいですが、業務フローチャートを作成しておけば、いつでも思い出せる状態が整います。これら"考察できる状態"と"記憶の保存"は、業務フローチャートが本質的に備えている機能と言えます。

　この業務フローチャートの機能がもたらすメリットは、およそ5つに分類できます。

❶業務の全体像と流れ、各手続が明確にわかる
❷業務設計の良い点、悪い点を考察できる
❸業務のルール化ができる
❹ルールを共有しやすい
❺ルールと実態の差を確認できる

　これら5つのメリットによって、業務の効率化、不正やミスの防止、属人化の防止等について考察できるようになり、より良い業務設計に改善していくことができます。そして、業務フローチャートをマニュアル化して周知徹底すれば、業務を標準化することができ、さらに業務の品質を高めていく土台となります。このような効果があるからこそ、業務フローチャートは組織体制を強化していく場面で重宝するのです。

5つのデメリット

　メリットだけを見れば、多くの会社が業務フローチャートの技術を保有していそうなものですが、実際には5つのデメリットが活用の妨げとなっています。

❶ 作成できる人材がいない
❷ 作成には手間と時間がかかる
❸ 現状維持を求める意識が働きやすい
❹ ルール遵守の意識を高めづらい
❺ 運用管理の負担がある

　これらのデメリットの内、作成に関する部分（❶と❷）は、外部の力を借りることで対応できます。しかし、外部の力を借りて業務フローチャートを作成できたとしても、従業員の意識を変えること（❸と❹）や運用管理（❺）は簡単ではありません。特に運用管理においては、作成できる人材が必要なだけでなく、組織体制を整えておく必要もあります。つまり、経営者が業務フローチャートの活用に対して全社的な課題として向き合うことが大切であり、このような姿勢を示すことで従業員の意識を変えていかなければなりません。
　業務フローチャートを作成するということは、業務の基本パターンが決まるということです。しかしながら、多くの人は変化に対してストレスを感じるため安定している業務を変えたくない意識が働きやすく、業務フローチャートがなくても仕事ができるという事実がこの意識を助長してしまいます。また、"自分にしかできない仕事"があることに固執して、自分の仕事が他人に共有されることを嫌う人もいます。一方、柔軟に動けなくなるという理由でルールに縛られることを嫌がる人や、そもそもルール通りに働くことに慣れていない人もいます。これらは自然な感情に基づいた意識であるため、理屈だけで簡単に変わるものではありません。そのため、個々人の感情にも配慮しつつ、業務フローチャートを活用し

ていく工夫が必要となります。

　これら5つのデメリットを克服するためには、組織的な取り組み姿勢と、作成人材の養成がキーポイントとなります。いずれも簡単なことではありませんが、克服しなければメリットによる効果が十分に発揮されないことを覚えておいてください。

⑤ 業務フローチャートは、運用してこそ真価を発揮する

業務フローチャートの運用とは

　運用とは、上手く機能させて仕事で使えるようにすることです。そのため、業務フローチャートの運用においては"考察できる状態"と"記憶の保存"の機能を上手く使い、仕事に役立てることと言えます。これは業務フローチャートを使って日々の業務を行うことであり、そのためには業務フローチャートを最適な状態に管理しておくことも必要です。

　また、適切な業務フローチャートを作成できたとしても、そのルール通りに実態が動かなければ意味がありません。運用には、日々の業務にルールを定着させる役割があり、ルールと実態が一致した状態を維持していく働きがあります。多大なコストを費やして業務フローチャートを作成したのに放置してしまい、実態と異なる書類になっているケースは多いですが、このような会社は運用していないと言えます。

運用が難しい理由

　業務フローチャートを運用していない会社が多い一番の理由は、ルール通りに仕事をすることが徹底されていないことにあります。ルール遵守は当然の約束ごとに思えますが、実はとても難しいものです。

　例えば、ルールを確認する行為は手間がかかって面倒なため、真面目な人でも一度覚えた仕事に対するルール確認は怠りがちになります。そうすると作業手順がうろ覚えになりやすく、いつしか記憶がすり替わってルールから乖離していく可能性があります。そもそもルールは理想論と考えてしまい、ルールを守る意識が弱い人もいます。なかには「もっと効率

的なやり方がある」と考えて、良かれと思って自分なりのやり方に変える人もいます。

　これらはよくあるパターンのルール違反であり、その原因の多くは働く人々の感情や意識にあります。つまり、従業員の感情や意識を変えなければならないため、ルール遵守の徹底が難しいのです。ルールを守れない組織では、当然ながら業務フローチャートに従って仕事をすることも難しいため適切な運用体制を維持しづらいのです。

　補足となりますが、効率的なやり方の検討自体は良いことです。しかしながら、業務手続きの良し悪しを勝手に判断して、無断で作業手順等を変えてしまうことはルールからの逸脱になります。しかるべき手続きを取った上で、適時に改善していくことが大切です。

ルールが従業員や会社を守る

　ルール遵守を軽んじた場合は、同時に自己判断で自由に動くことを選択したことになります。本来、自己判断には責任が伴うため、もしもルールを無視した仕事のやり方でトラブルを起こせば、その人は責任を負うことになります。逆を言えば、ルールを遵守するということは業務に対する責任を個人で負わず、不適切なルールを取り決めた組織の責任として扱うことになるのです。つまり、従業員は自分自身を守るためにも、会社が決めたルールを守った方が良いのです。この原則を重んじることによって、従業員の感情や意識を変えていく努力が必要となります。

　一方、会社の視点に立てば、どの従業員もルール通りの仕事をすることによって業務が標準化される利点があります。標準化されていない業務には複数通りのやり方が存在するため、それぞれ個別の対応が必要となって管理コストが増えることになります。また、ムリ・ムラ・ムダが増えることにもなり、思わぬトラブルに苦労することもあります。だからこそ従業員にルールを遵守してもらうことで、事業運営にかかるコストとリスク要因を減らし、会社を守りやすくするのです。

　このような説明をすると堅苦しいルールに縛られてしまう印象を持つ人も多いですが、このルールによる縛りがコンプライアンス経営を下支えすることになります。コンプライアンスは法令遵守を意味する言葉ですが、その根底にあるものは法令に限らないルール遵守の姿勢です。言い換えれば、法令、規則、倫理、道徳といったあらゆるルールを遵守する姿勢によって、健全に経営することがコンプライアンス経営なのです。業務フローチャートや業務マニュアルには法令等のルールを守る役割もあるからこそ、なおさら組織的な取り組み姿勢が大切だと言えるのです。

　つまり、業務フローチャートを適切に運用すれば、コンプライアンス経営の実践に繋がり、社内外から信頼される会社に成長していく土台となります。この真価を発揮してこそ、業務フローチャートが組織体制の強化に貢献すると言えます。

第2章

心の残業を減らして
省エネで働く仕組みをつくる

煩雑さによるストレス、悩む時間が業務効率を下げる

　第1章では業務フローチャートに対する理解を深めてもらうために、全社的な視点から基本を説明しました。第2章では少し視点を変えて、従業員の立場からも業務フローチャートの基本を説明していきます。

目に見えない障害、心の残業とは

　第1章で説明したように、業務フローチャートを作成すれば業務の効率化、不正やミス、属人化の防止等について考察できるようになります。逆を言えば、業務フローチャートや業務マニュアルのない会社では、非効率的な業務になっている上に不正やミスが発生しやすく、属人化した業務が多いわけです。なお、属人化した業務とは、処理方法や進め方等がその担当者でなければわからない状態になった業務のことです。

　このような状態でも仕事はできますが、得てして業務が煩雑になっており、従業員一人ひとりの経験と力量に頼ることになります。業務が整理された仕組みになっておらず、経験等の乏しい従業員にはムリがあり、溢れる作業を片付けることで精一杯になります。さらに、仕組み化されていない業務では属人化が進みやすく、従業員に判断を委ねる処理が生じていることもあります。そのような処理は、人によって判断結果が変わるムラとなり、仕事の品質を低下させていく原因となります。場合によっては、答えのない事柄を不毛に悩ませてしまい、ムダに時間を浪費させているケースもあります。

　これらの結果、悩みながら働く従業員が多くなり、ストレスを抱えさせることになります。悩みの多い仕事においては、身体が職場を離れた後のプライベートな時間であっても、仕事のことを考え続けている状態に

なりがちです。本書では、このようなオンとオフの切り替えができていない状態のことを「**心の残業**」と呼びます。

　心の残業が増えると、心身ともに休まる時間が減って疲労とストレスが増長していきます。すると、必然的に従業員の能率が悪くなり、会社全体の業務効率もどんどん低下していきます。この心の残業というものは、従業員の心の中で、しかも勤務時間外に発生しているため会社側にとっては見えない障害と言えます。

▶「心の残業」が業務効率を下げていくサイクル

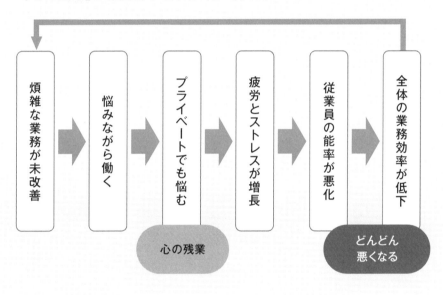

心の残業を減らして業務の省エネ化を目指す

　あまり意識されないことですが、従業員の体力や精神力は有限なエネルギーです。十分に回復しなければ体力や精神力は減る一方であるため、従業員の能率は徐々に悪くなっていきます。つまり、ムダにエネルギーを消耗しないこと、そして十分に回復できる時間を確保することが大切だと

　言えます。これらを実現できる業務の在り方を、本書では「業務の省エネ化」と呼びます。

　業務の省エネ化は、業務負荷、悩む時間、労働時間等を最適化していくことと言えます。これは業務改善の一種であるため、業務フローチャートを作成して"考察できる状態"をつくれば、ムリ・ムラ・ムダの解消方法について判断できるようになります。言い換えれば、業務フローチャートには心の残業に繋がるポイントが投影されているのであり、業務フローチャートを活用した業務改善を行ってこそ、業務の省エネ化を目指すことができるのです。

▶「心の残業」が業務効率を下げていくサイクル

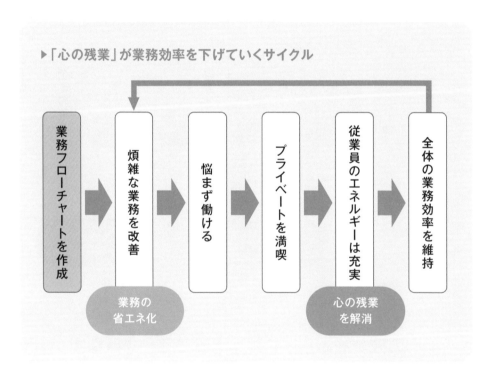

② 業務の省エネ化は、単純作業と 考える仕事を分ける

単純作業と考える仕事とは

　業務の省エネ化は業務負荷、悩む時間、労働時間等を最適化していくことですが、それらに共通していることは従業員のエネルギー管理であり、エネルギーを節約できる部分とエネルギーをしっかり使うべき大事な部分を区別することが大切です。

　作業を効率化すれば身体を動かす労働量が減るため、体力の浪費を防いだ一定ラインに落ち着かせてエネルギーを節約できます。一方、大事な部分とは仕事の品質を左右するような集中力を要する処理のことであり、体力と精神力を大きく費やします。この大事な部分で良い仕事をするためにも、他の部分ではエネルギーを節約してゆとりある状態を保つことが大切だと言えます。

　これを追求していくと、業務は"単純作業"と"考える仕事"の2種類に分類できます。単純作業は悩むことなく処理できるものであり、エネルギーを節約できる仕事です。考える仕事は悩みや判断を伴うものであり、相応のエネルギーを費やす仕事です。業務の省エネ化では、煩雑になっている作業を1つひとつ見直して改善を行い、単純作業と考える仕事に振り分けていくことになります。

単純作業について

　単純作業とは、基本的には同じことの繰り返しをする仕事と言えます。同じことの繰り返しだからこそ、悩むことや考えることを無くすことができます。しかしながら、煩雑な状態では作業1つひとつが整理されてい

ないため、往々にして悩むポイントや考えなければならないポイントが混じっています。

　例えば、ある報告書を作成する時、その報告書のフォーマットが決まっていなければ、「どのような情報を記載するべきか?」等で悩むことになります。さらに、報告書としての体裁を整えるために「どのような形式にまとめるか?」と考えることも必要となります。過去に例のない報告書であれば、このようなプロセスをたどるしかありません。しかし、定型業務として報告書が必要にもかかわらずフォーマットがないのであれば、単純化できるポイントと言えます。改善施策として報告書をフォーマット化すれば、初めて作成する人でも悩むことなく一定の品質で書類を仕上げることができるようになるでしょう。業務の省エネ化を行う時は、このように悩むことや考えることを無くし、定型業務を単純化することが大切です。

　なお、単純作業ほど業務マニュアルが有効に機能する仕事はありません。単純作業と言っても、毎日処理をするような高頻度の仕事でなければうろ覚えになって、作業内容を思い出すための時間が必要になります。記憶をたどりながら思い出すよりも、業務マニュアルを見て即座に思い出した方が効率的であり、さらに確実性が高いことは言うまでもありません。

考える仕事について

　考える仕事とは、実務担当者等による判断が必要な仕事であり、その判断にも色々なパターンがあります。例えば、何かを選択すること、分別すること、区別すること、まとめること、確認することなどがあり、その結果、断定することとなります。そして、担当者自身の考えによって断定しなければならないため、悩みが生じるポイントになるのです。なお、経営判断等も本来的には考える仕事と言えますが、本書の範囲は業務レベルであるため除外しております。

　業務レベルの考える仕事は、必ずしも非定型な業務とは限りません。むしろ判断基準を明確にしてパターン化できるものも多く、判断しやす

くなる分だけ悩みを軽減することができます。イメージとしては、単純作業は一本道で進み、考える仕事は分岐路と言えます。ただし、判断基準を整理していない場合は、この分岐路には何本の道があるのか？がはっきりしていない状態が多く、確信を持った判断をしづらいため悩みが強くなります。業務の省エネ化を行う時は、判断を要するポイントをパターン化し、そのパターンの中から選択する手順に切り替えていくことが大切です。

　そうすることで最適な選択肢を考えることだけに集中できるようになり、必要最小限の悩みと考える時間だけで処理できるようになります。そして、その判断基準を業務マニュアルに添付しておけば、考える仕事の多くが定型化されていきます。

▶定型化された「単純作業と考える仕事」のイメージ

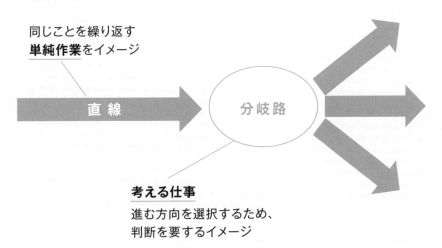

同じことを繰り返す
単純作業をイメージ

直　線

分　岐　路

考える仕事
進む方向を選択するため、
判断を要するイメージ

③
単純作業は
繰り返すほど熟練する

単純作業は生産性を上げるポイント

　単純作業と言えば、「同じことの繰り返しをする仕事であり、誰もが簡単にできるもの」というイメージがあります。しかしながら多くの仕事は、この単純作業を積み上げることでなし得るものであり、単純作業の結果が適切でなければ"考える仕事"において正しく判断できないケースが多いものです。さらに、同じことの繰り返しだからこそ、その作業に対して熟練していきます。作業に熟練すれば、作業スピードは上がっていき、さらにミスも減る傾向があります。そのため、実務担当者の熟練度が上がれば上がるほど、仕事全体の生産性も上がっていくことになります。

▶単純作業が熟練していくイメージ

必要な作業時間

熟練度の向上

| 正しく処理できた分 | ミスの分 |

| 正しく処理できた分 | ミスの分 |

熟練度が上がるほど作業時間とミスが減る

生産性について

　生産性という言葉を使いましたが、ここでは人時生産性の略称としています。人時生産性の一般的な計算式は「粗利益高÷総労働時間」であるため、生産性を上げるためには「粗利益を増やす」または「労働時間を減らす」のいずれかを考えることになります。つまり、作業スピードが上がって労働時間が減る単純作業は、生産性の向上に繋がっていくのです。

　ここ数年、生産性の向上は注目されていますが、具体例として挙げられている施策の大半は業務改善による効率化が主眼となっています。確かに業務改善はムリ・ムラ・ムダを解消して業務の有効性や効率性を高める目的があるため、生産性を向上させる施策の1つと言えます。しかし、一歩先を見据えて業務の省エネ化を行って単純作業が仕事の土台になるようにすれば、時間とともにさらに生産性を向上させていく点は意外に見落とされている印象があります。

生産性が上がるメリット

　作業スピードが上がって仕事が早く終わるようになれば、成果が大きくなるだけではなく、今まで手が回らなかった部分の仕事もできるようになります。これを「新しい仕事が増えて損をする」と考える人もいますが、昨今の激しい市場の変化を踏まえると、そもそも生産性が低い会社は苦しい状況に陥るリスクを抱えていると言えます。大切な職業を守るためにも、仕事全体の生産性を上げるような、会社を強くする取り組みは大切です。

　ただし、作業スピードが上がったからと言って、その仕事のための時間を過度に減らしてはいけません。切り詰めた時間で作業すれば、緊張感が高まることとなり、心のゆとりが消えてしまいます。これでは逆に、実務担当者は疲労が蓄積しやすくなるため、作業スピードの鈍化や、ミスが増加する可能性が高まります。むしろ、作業時間に余裕を持たせることで、疲労の蓄積を回避してミスの発生率を低下させることができ、さらに作業に対する試行錯誤の時間を持てるようなります。

　作業について試行錯誤するようになると、もっと確実に完了させる方法、もっと効率的に作業する方法、もっとミスの少ない方法等が、各自の創意工夫から生まれやすくなります。これらの方法を追求していけば作業の精度が高くなるため、ほとんど"やり直し"がなくなります。どれだけ作業スピードが上がって仕事が早く終わっても、やり直しが生じれば多くの時間を費やすムダが生じたことになります。この場合、切り詰めた時間で作業するムリ、確実に作業が終わるようになっていないムラがあると推察できます。つまり、やり直しが多発するならば、その作業にはムリ・ムラ・ムダがあるとわかり、同時に、やり直しをなくせば業務全体の有効性と効率性を高めるポイントだとわかります。

　そのため、余裕を持った作業時間を配慮することで従業員一人ひとりにより良い方法を生み出してもらい、それを採用しながら改善をしていくことが会社を強くする取り組みに繋がっていきます。その際、「次工程はお客様」とあるように、その作業結果を引き継ぐ人達が仕事しやすいカタチに工夫すれば、仕事に対する心配りが養われて、より一層、従業員の熟練度が上がりやすい環境になることが期待されます。

▶生産性の向上が会社を強くしていくイメージ

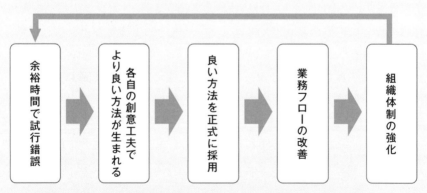

従業員一人ひとりの創意工夫を正式に採用していく運用体制があれば、業務の品質が徐々に高まっていき、組織体制を強化し続けていきます。

考える仕事は、
考えない仕組みを目指す

定型化できる考える仕事は、
単純作業の品質を高めるポイント

　業務レベルの"考える仕事"においては、判断を要するポイントをパターン化し、そのパターンの中から選択する手順に切り替えていくことが大切であることを前述しました。この背景には、考えなければならない仕事であっても、定型化できるものは仕組み化していく意図があります。

　判断を要するポイントで、各自の考えによって処理していくと、その結果にはムラが生じてきます。これでは判断結果を次工程で引き継ぐ担当者は、そのムラを整理整頓した上で作業しなければなりません。つまり、考える仕事において判断基準がバラバラであれば、単純作業を複雑にしていき、業務全体の有効性や効率性を低下させる原因にもなり得るのです。

　考える仕事をパターン化させずに放置しておくと、判断する人は悩み苦しむこととなり、次工程の担当者はムダな作業に苦しむことになります。さらには次工程の担当者から判断した人への質問や確認が多くなるため、お互いに手間をかけあう悪循環となり、エネルギーの浪費となります。このような事態を回避するためにも、考える仕事であっても考えない仕組みを目指すことが大切であり、そのような工夫が業務全体の省エネ化に繋がっていきます。

定型化しづらい考える仕事で全力を尽くす

　ここまでは定型化しやすい考える仕事の説明をしましたが、定型化しづらい"考える仕事"についても触れておきます。定型化しづらい仕事とは、

例えば、会社として未経験の仕事について業務設計する仕事等が挙げられます。また、省エネ化を目指して改善を行うプロジェクトそのものも、定型化しづらい仕事の1つです。他には、企画系の仕事、個別対応で求められる仕事、イレギュラー業務や予期せぬトラブル対応等があります。

いずれも会社として過去に経験したことがない初めての案件であり、経験がないからこそ担当者は悩むこととなり、考える時間が必要となります。つまり、多大なエネルギーを消費する仕事です。これらの場合は、従業員の個人的な技能や知恵を頼りにして乗り越えなくてはなりません。そして、このような場面こそが、全力を尽くして仕事に取り組む場面であり、このような瞬間のために業務を省エネ化しておくことになります。これら仕組み化しづらい部分では、従業員個人の働きによって結果が左右されることを忘れてはいけません。

ただし、一度でも経験した案件であれば、その経験を業務フローチャートや業務マニュアルとして書き出すことが可能となります。そして判断を要するポイントは、実務担当者の経験をより所にすれば起こり得る現象や仮説を抽出することができるため、事前にパターン化できるようになります。そうすると、1人だけが経験した仕事でも定型化できるようになり、他の従業員も共有できるようになります。

つまり、一度でも経験した仕事は、次回からはムダに考える必要がない仕組みをつくっていく姿勢が重要なのです。わざわざ業務フローチャート等に書き出すのは手間がかかって非効率だと考える人は多いですが、この手間を惜しまないことで最初に苦労した経験がハウツーとして落とし込まれ、次回から全従業員が楽に仕事ができるようになるため全体としては効率化が期待できます。

▶考える仕事の概要

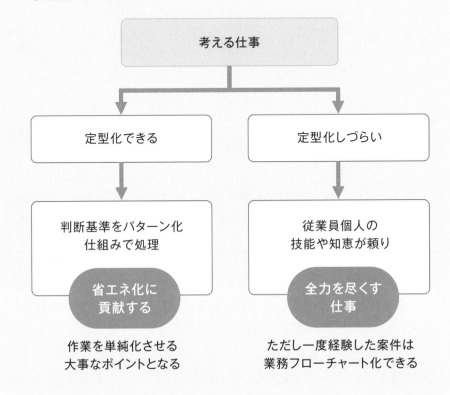

⑤

省エネ化した業務は
維持することが大切

個人レベルで取り組んでも効果は高い

　読者の中には「まずは自分自身の仕事を楽にしたい」と考えて、業務フローチャートの作成スキルに関心を持たれた方もいるのではないかと思います。業務フローチャートや業務マニュアルを運用していない会社においても、一部の部署や個人だけで実践しているケースはありますが、これは楽に仕事をしたい考えがあってのことだと推察します。

　本来ならば組織全体で業務フローチャート等を運用することで本領を発揮しますが、個人レベルで活用するだけでも十分な効果があります。その第1の理由は、煩雑な業務を省エネ化すれば楽に働けるからです。第2の理由は、煩雑な業務を改善していく過程で、自分に与えられた業務の目的がはっきりわかるようになります。目的がはっきりすれば、自然と横道に外れるようなムダが少なくなります。そして第3の理由は、目的がはっきりして簡素化した業務は、その全体像を掌握しやすくなり、心の負担を軽減させるからです。

　例えば、入社したばかりの会社で「何をすれば良いのか？」、「どこまでやれば良いのか？」と悩むような状態で働き、大きな疲労感を覚えた経験のある人は多いと思います。これは、"わからない"という状態がストレスをかけていることも要因であり、知らず知らずのうちに蓄積したストレスが心身を疲労させているのです。このような時は仕事で悩むことが多いため、心の残業も増えやすい状況と言えます。

　しかしながら仕事に慣れてくると、わからないことが減り、徐々に業務のこなし方がわかってストレスも減っていきます。そして、業務の目的と全体像を掌握できるようになれば、心にゆとりが生まれるのです。心

にゆとりが生まれると、自分の力量に合った時間の使い方を考えられるようになり、仕事をコントロールできるようになっていきます。そうすれば、ずいぶんと仕事が楽になってくるはずです。現在、煩雑な業務による「心の残業」で苦しんでいる人は「まずは個人レベルから……」と考えて、業務の省エネ化を目指しても良いと思います。

業務の省エネ化は維持することが大切

　業務フローチャートを作成して省エネ化を実現できた後は、その省エネ状態を維持することが大切です。組織全体で省エネ化した状態を維持するには、それに相応しい体制が必要となるため簡単ではありません。しかし、個人レベルであれば、自分自身で管理するだけなので比較的維持しやすい環境と言えます。そして、実際に業務フローチャートを適切な状態に維持し続ければ、メリットを体感できるだけでなく、その経験から「運用」に関わる実務もわかってきます。そういった点から考えても、個人レベルから業務の省エネ化に取り組むことは有意義です。個人レベルで成果を出し、その成果によって組織的な取り組みを提案していくことも1つの筋道です。

　組織全体であれ、個人レベルであれ、省エネ化した状態は明確な意思を持って維持しなければ、徐々に煩雑な業務に逆戻りしていきます。これでは一時的に業務フローチャート作成等にかかった時間を浪費しただけになりかねず、「その時間を他の案件に使えば良かった」という認識を持つこともあります。逆にきちん仕組み化して維持するならば、それに対するヒト・モノ・カネは必要になりますが、会社も従業員も健やかな状態になってゆとりが生まれ、さらにはチャンスやピンチといった大事な場面で全力を出せる余力を残しておけます。

　詳しくは第8章で説明しますが、楽に仕事ができる業務体制を維持する時や組織体制を強固にしていく取り組みにおいては、業務フローチャートの運用が大いに役立つことを覚えておいてください。

第3章

業務フローチャートの
つくり方の基本

直感的にわかる記号だけを使う

本書が推奨する記号について

業務フローチャートの形式には決まったルールがありませんが、"誰でもつくれる、読める業務フローチャート"を実現するためには、使う記号やルールをなるべく簡単にしなければなりません。

業務フローチャートの作図で使う記号は、広く通用しやすい意味をそれぞれ持っています。各記号に独自の意味を定義しても構いませんが、それでは"誰でもつくれる、読める業務フローチャート"から遠ざかります。また、記号の種類を増やせば作業内容等を厳密に定義できる利点がある一方で、難解になるデメリットが生じます。そこで、本書では一般的に通用する意味を採用した上で、記号の種類は最小限にとどめ、読み手が一目見て直感的にわかるように配慮しています。

本書サンプルで使用している記号のルールは、次ページの通りです。もし必要があれば、各記号の説明を参考にして追加してください。

これらの記号は、エクセルやパワーポイントの「図形」機能を使用しており、"現金"のみ「アイコン」機能の図を活用しました。表に付与した番号に従って、説明を加えておきます。

①長方形の記号

長方形の記号は、作業、処理等を示すために使います。この記号によって、ヒトの行う事柄を示すことになります。詳しくは後述しますが、フローチャートには横型と縦型があり、作図前にいずれかを選択することになります（実際に表に記載する長方形記号はいずれか1つとなります）。

記号	意味	記号	意味
①	・作業・処理 　（横型フローチャート）	①	・作業・処理 　（縦型フローチャート）
②	・確認・照合 ・承認 ・各種判断	③	・書類 ・電子ファイル
④	・システム	⑤	・進む方向と繋がり
⑥	・商品などの物	⑦	・現金

②ひし形の記号

　ひし形の記号は、確認、照合、承認、各種判断等を示すために使い、"考える仕事"の１つとなります。ざっくりと説明すれば、チェック作業や意思決定を行う大事なポイントと言えます。

③書類の記号

　この記号は一般的に書類記号と呼ばれており、帳票類・証憑書類等の書類、電子ファイル等を示すために使います。書類と電子ファイルを異なる記号にして区別することも多いですが、フロー図が複雑な印象になりやすいため本書では統一しています。

④円柱の記号

　円柱の記号は、システム等を示すために使います。インプットに対して一定のアウトプットをするシステム全般をこの記号で統一しており、WEB上にあるシステム、自社内においてエクセルVBA等で開発したツール、さらにWEBサイト等も含めることとしています。ただし、エクセル等のソフトも立派なシステムですが、使用頻度が高いことが想定され

るため、フロー図が複雑化してわかりづらくならないように本書サンプルでは意図的に割愛してあります。エクセル等の使用頻度が高いソフトは、このように業務の実態に合わせてルール調整をしてください。

⑤矢印の記号

矢印の記号は、フローが流れていく方向と各記号の繋がりを示すために使います。点線タイプの矢印等を使ってシステム間のデータの流れ等を示す工夫は、一見するとフロー図全体がすっきりとまとまって見やすくなります。しかし、複数ある矢印記号の意味をそれぞれ定義すること、さらに読み手に正しく理解してもらうことは難易度が高いため、必要最低限の追加にとどめるように注意してください。本書では、読み手のストレスを減らす目的で1種類に絞ってあります。

⑥直方体の記号

直方体の記号は、商品等のモノを示すために使います。商品に限らず、何らかの物体を動かす時、物体が動く時に使用してください。

⑦お金を示すアイコン記号

お金を示すアイコン記号は、現金等を示すために使います。現金そのものが動く時だけでなく、電子決済等でお金が動く時もこのアイコン記号を使用してください。そうすることでお金の流れや入出金のタイミングがわかりやすくなります。

業務の流れと
全体像がわかる作図のルール

横型と縦型の違い

　業務フローチャートには横型と縦型の2種類があり、横型は左から右に流れていき、縦型は上から下に流れていきます。

[横型]

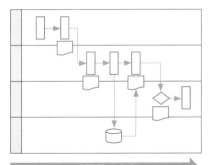

時間軸の方向

[縦型]

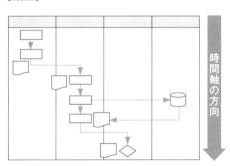

時間軸の方向

　横型のフローチャートは、売上や仕入といった流れが長く続く業務であっても、全体像がわかりやすく、各部署の役割の違いや作業の繋がりをつかみやすい利点があります。その理由は、例えばA4用紙に印刷した業務フローチャートを横並びにすれば、左から右へと視線を送りやすく、すべてほぼ同じ大きさで見えるからです。これが縦型のフローチャートになると、縦並びにしたA4用紙の上の方は遠くてフロー図が小さく見えてしまうため、身体を動かさなければ俯瞰しづらいケースも出てきます。なお、本書サンプルが横型の業務フローチャートになっている理由の1つは、売上業務を題材にしているためです。

一方、縦型のフローチャートは、他部署とのやり取りが少なく、短くまとまった業務で使いやすい利点があります。これは、文章で記述されたマニュアル等が上から下に作業手順が流れていくように、基本的には上から下に向かって視線を送った方が見やすいことが助けとなっています。また、縦型は作業1つひとつの作図スペースが横型に比して多くなりがちですが、管理部門に多い専門業務であれば他部署に配慮する必要が少なく、作図スペースの自由度が増します。そして、1～2枚でまとまることが多く、簡潔でわかりやすくなります。

登場人物の並べ方

業務フローチャートを作成する時は、最初にお客様・店舗・担当部署・工場・取引先・システム等の登場人物を並べて、登場人物ごとに罫線を引いて区別できるようにします。この時、登場人物の並び順はお客様を

▶登場人物の並べ方サンプル（横型）

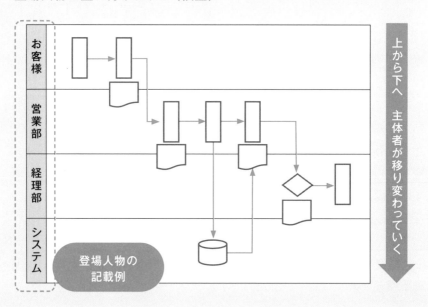

１番目にして、次に営業部や店舗等、その次に管理系部門といった感じで作業をバトンタッチしていく流れを意識して配置してください。このように配置すると、横型の業務フローチャートでは登場人物を上から順番に配置することとなり、時間の流れに伴って作業が"上から下に流れ落ちて来る"カタチとなります。縦型であれば登場人物を左から順番に配置することとなり、"左から右に流れ落ちて来る"カタチとなります。その結果、主たる作業主体者の移り変わりが視覚的にわかりやすくなります。

　なお、システムは１番下に配置しておくと作業主体者の移り変わりを把握しやすくなり、同時にシステムの役割等もわかりやすくなります。ちなみにECサイト等でネット通販ビジネスを行う場合等は、お客様の下にシステムを配置した方がシステムを介したやり取りを把握しやすくなります。業務フローチャートの作成目的や、作図の範囲等を考慮して工夫してみてください。

作業を区切る単位

　業務フローチャートは、作業を短く区切り、時系列に従って繋いだ図と言えます。この区切りの単位は、やるべき事柄1つひとつを「誰が・何を・どうする」で簡潔にまとめることを意識すると考えやすくなります。例えば、「顧客から・発注書を・受け取る」、「営業部が・受け取った発注書の内容を・確認する」となります。このように具体的な作業をイメージしながら、時系列に従って順番に書き出してください。

　なお、区切りが細かいほど業務フローチャートの精度は高くなりますが、それに応じて見た目が複雑になって"読むストレス"が強くなります。そのため作業を区切る単位は、作成目的に求められる観点を満たせる粒度を考慮した上で決めるようにしてください。

　ただし、実際に業務フローチャートを作成していく最中は、区切る単位を揃えることが困難です。その理由は、自分の仕事について業務フローチャートを作成する場合であっても、実務担当者等からヒアリングして作成する場合であっても、その時点では頭の中にある業務内容が体系的

に整理されていないからです。つまり、最初は思い出せる範囲で書き出すしかありません。思い出せた範囲だけで業務の流れを可視化すれば、さらに記憶をたどっていく環境が整った状態となり、そこから区切る単位も揃えていくことができます。このように徐々に深掘りしつつ、実態を明らかにしていく必要があることを覚えておいてください。

作業記号等の配置と矢印の繋ぎ方

　作業や処理の流れを作図する時は、長方形記号とひし形記号を時系列に従って配置して矢印で繋ぎ、各記号の中に作業内容や処理内容を明記することが基礎となります。作業内容や処理内容を明記する時は、下記サンプルのように述語となる言葉で終える用言止めにして、簡潔な表現を心掛けるようにしてください。用言止めにしないと作業や処理の"動き"を表現していないため、やるべき事が曖昧になることに注意しなければなりません。

[作業、処理を作図するサンプル（本書サンプルより）]

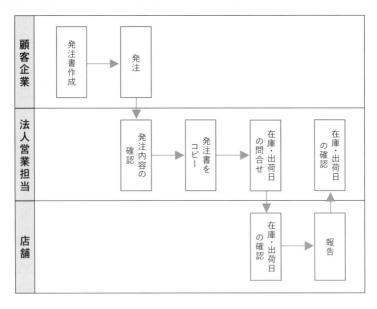

横型の業務フローチャートの場合、矢印は各記号の右側真ん中から、次の記号の左側真ん中へ繋いでいくことが原則となります。縦型であれば下側真ん中から、次の記号の上側真ん中へ繋ぎます。これによって作業手順が図式化されていきます。ただし、作業主体者が移り変わる時のみ、仕上がりのスマートさから下記サンプル右図のように変則的に繋ぐこともあります。

[矢印の繋ぎ方サンプル（横型）]

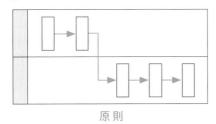 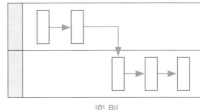

原則　　　　　　　　　　　　　　　変則

　なお、同時に発生する作業、処理、判断等は、下記サンプルのように長方形記号やひし形記号の時間軸を揃えてください。これによって各作業手順のタイミングがはっきりして、他の登場人物とやり取りが発生するポイントもわかりやすくなります。

[同時に発生する作業、処理、判断等の作図サンプル（横型）]

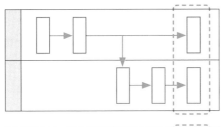

同時に発生すると解釈できる
作業、処理、判断等は
時間軸を揃えてタイミングを示す

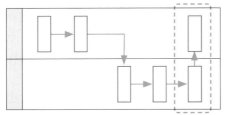

ほぼ同時の作業、処理、判断等で、
他者とのやり取りが発生する場合は
左図のように矢印を繋ぐ

書類・商品・現金・システムを示す記号について

　書類・商品・現金を表す記号は、矢印で繋がず、それを必要とする作業、処理、判断等を示す記号（長方形とひし形）の近くに配置します。横型の業務フローチャートの場合は上下、縦型であれば左右に配置することが基本となります。この時、各登場人物に与えられた枠内からはみ出ても、作業主体者の移り変わりがはっきり確認できるのであれば問題ありません。しかしながら、枠内からのはみ出しを避けたい場合は、上下・左右にこだわらず、斜め側も使って配置場所を調整するのも一案です。

［書類・商品・現金の作図基本サンプル（横型）］

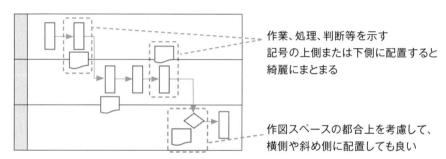

作業、処理、判断等を示す
記号の上側または下側に配置すると
綺麗にまとまる

作図スペースの都合上を考慮して、
横側や斜め側に配置しても良い

　システムを示す記号は、システム利用を伴う作業、処理、判断等の記号と時間軸を揃えて矢印で繋ぎます。また、システムから帳票類・証憑書類の出力または印刷をする場合は、下記サンプルのように書類記号を配置してシステム記号と矢印で繋ぐと綺麗にまとまります。これによって、その帳票類等に対して行う作業、処理、判断等の内容もわかりやすくなります。

　なお、書類・商品・システム等の各記号は、長方形記号等と同様に書類名やシステム名等を記述してください。この場合は、名詞で記述することが原則となります。

[システム利用の作図　基本サンプル（横型）]

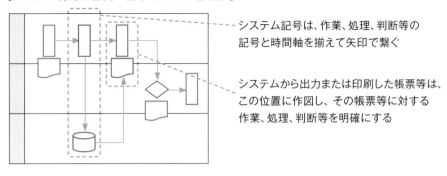

システム記号は、作業、処理、判断等の
記号と時間軸を揃えて矢印で繋ぐ

システムから出力または印刷した帳票等は、
この位置に作図し、その帳票等に対する
作業、処理、判断等を明確にする

文字による補足説明について

　作業の実施タイミングやサイクル、書類・データの保管場所、イレギュラーの対処等について、文字による補足説明をフロー図に追加しておけば、注意点を明確に示すことができます。補足説明を追加する時は、その対象となる範囲を矢印記号「⇔」を使って示すようにしてください。この⇔記号がなければ、対象となる作業を勘違いさせる危険性があります。指示をする時は、やるべき事柄が一意に決まるように伝える意識、工夫を大切にしてください。ただし、追加する箇所や文字数が多過ぎると業務フローチャートが煩雑になり、かえって読みづらくなるため大事な事柄だけに絞った方が良いでしょう。

[補足説明を追加したサンプル（横型）]

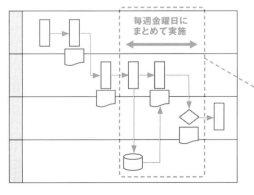

毎週金曜日に
まとめて実施

文字による補足説明をする時は、
その対象範囲を ⟷ 記号で示して、
簡潔に要点だけ記述する

③ 業務フローチャートの作成に使うツール

作成に使うソフトについて

　本書サンプルの業務フローチャートは、エクセルを使って作図しております。エクセルであれば馴染みのある人が多く、作図機能もあり、多くの人が使える利点があります。そのため"誰でもつくれる"ことを目指す時には、エクセルは有用なソフトだと言えます。

　ただし、エクセルは表計算ソフトであるため、本来ならば作図機能の充実したマイクロソフト社のビジオ（Visio）の方が適していると言えます。しかしながら、ビジオを扱える人は少なく、新たなソフトに慣れなければならないという問題が生じます。その他、パワーポイントも作図に適しており、こちらは比較的使える人が多いですが、エクセルほど一般的なソフトとは言えません。このように説明すればエクセル以外の選択肢が消える印象になってしまいますが、エクセルには印刷時に一部の文字が消える現象やレイアウトがずれる現象といったクセがあるため印刷設定の苦労が伴います。つまり、いずれのソフトを利用しても一長一短があります。本書はエクセル利用を前提した説明になっていますが、自社の都合に合わせて最適なソフトを選択してください。

作成を補助するツールについて

　業務フローチャートを作成する時は、下記のツールを揃えておくと役立ちます。

> ❶ヒアリングシートと筆記用具
> ❷録音機材
> ❸業務フローチャートのサンプル
> ❹社内管理規程
> ❺組織図

❶ヒアリングシートと筆記用具について

　業務フローチャートを作成する時は、実務担当者等へのヒアリングを行うことが多いです。この時に必要なツールが、ヒアリングシートと筆記用具となります。ヒアリングシートについては第4章で詳しく説明します。

❷録音機材について

　実務担当者等へヒアリングを行う時は、デジタルデータで録音しておくことをおすすめします。相手が話した事柄すべてをメモすることは大変難しいため、聞き漏れが発生しやすいものです。また、業務の当事者ではない人がヒアリングしている以上、相手が発した言葉の意味を正しく理解し切れないこともあります。そのため、何度でも聞き直せる状態をつくっておくと大変役立ちます。

❸業務フローチャートのサンプルについて

　一般的に実務担当者等は、ヒアリングに対して伝えるべき事柄や作業の細かさ等を把握していないものです。その勘所を手っ取り早く理解してもらうためには、業務フローチャートのサンプルを見てもらうことがおすすめです。サンプルは1〜2枚程度あれば十分なので、ヒアリングを効率

的に行うためにも準備しておきたいところです。

❹社内管理規程について

　社内管理規程は、言わば会社のルールブックです。業務の流れを決める重要な書類であり、業務フローチャートや業務マニュアルよりも上位にあるルールであることを覚えておいてください。

　業務フローチャートを作成するにあたって、特にヒアリング等を行う前に、社内管理規程を一通り読み込んで基本ルールを把握しておくことは重要です。基本ルールを把握した状態であれば、ヒアリング時にしっかり要点をおさえた質問ができるようになり、実務担当者から教えてもらう内容も理解しやすくなって効率的です。また、完成した業務フローチャートと各規程に一致していないポイントが生じた時は、速やかに社内管理規程の変更手続きも執り行えます。

❺組織図について

　組織図は、ヒアリングをする時に重宝する書類です。頭の中で組織全体をイメージしながらのヒアリングと、紙に印刷された組織図を見ながらのヒアリングは似て非なるものです。前者は組織図を思い浮かべているため、ヒアリングだけに集中しづらい難点があります。また、組織体制を軸にした情報整理をその場で行いづらいため、ヒアリング中に質問内容を掘り下げていくことが難しくもあります。一方、後者は必要に応じて組織図を見ながら業務内容等を確認すればよく、ヒアリングに集中して業務の実態を追究しやすくなります。さらに、印刷された組織図には、「どの部署についての話か？」を明確にして参加者全員の認識を統一する働きもあり、誤解が生じづらい利点もあります。これがヒアリングの品質を向上させる一工夫となります。

▶組織図のイメージ

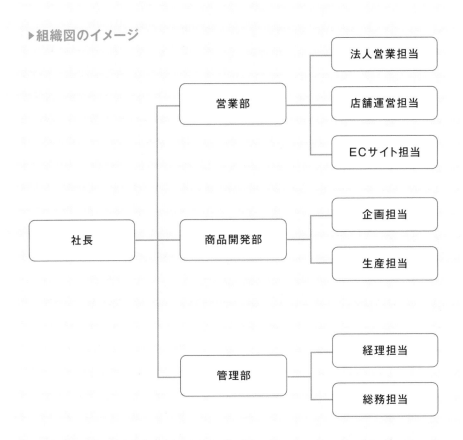

誰もが読みやすい体裁に整える

体裁の大切さについて

業務フローチャートが"誰でも読める"条件を備えるには、直感的にわかる範囲の記号を使うことだけでなく、綺麗に整った体裁に仕上げることも大切になります。記号の形状とサイズ、文字のフォントとポイント、書類全体の形式等がバラバラになっていると、その業務フローチャートは読みづらくなってしまいます。これでは読み手にストレスを与えてしまい、そもそも読んでもらえない……という事態も生じかねません。多くの時間と手間暇をかけて作成する業務フローチャートだからこそ、皆に使ってもらえるように体裁にまで配慮したいところです。

体裁を整えるポイント

体裁を綺麗に整えるためには、実務的なポイントが3点あります。

❶記号の形状とサイズ
❷文字のフォントとポイント
❸書類全体の形式

❶記号の形状とサイズ

記号とは、特定のカタチに対して意味を定義するため、形状やサイズ等を変えることなく使用するのが望ましいものです。例えば、縦5cm・

横2cmの長方形記号であれば、その記号は常に縦5cm・横2cmのまま使うことになります。

　このように統一された記号を使えば、全体的に整った印象に仕上がります。一方、記号が統一されていない場合は、下記右図のように作業の流れを読み取りづらい印象になっています。

[記号が統一できている]　　　　　　　　[記号が統一できていない]

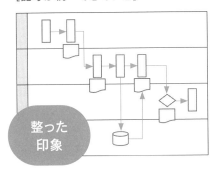
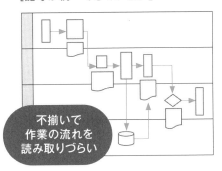

❷文字のフォントとポイント

　各記号の中に入力する文字は、なるべくフォント（書体の種類）とポイント（大きさの単位）を統一してください。どんな書類であっても、文字の書体や大きさがバラバラになっていると読みづらいため、読み終えることだけで疲れてしまいます。また、文字の大きさが小さ過ぎても読みづらくなるため注意が必要です。必ずテスト印刷して、文字情報の視認性を確認するようにしてください。

　ちなみに文字の大きさを統一すると、記号の中に入力できる文字数に上限ができます。すると、作業内容や書類名等の文字数が多過ぎて、記号の中に収まりきらない場合が出てきます。このような場合は、特例として、その記号に限ってはややポイント数を下げて収めてください。それでも難しい場合は、エクセルであれば別途テキストボックスを使用して作業内容や書類名等を入力した上で、記号の前面側に配置してください。

　ただし、テキストボックスを使用した場合は、フロー図を修正する時に

記号とテキストボックスを一緒に動かす必要があります。意外と手間が
かかって面倒な作業となるため、なるべくポイント数の調整だけで対応で
きるようにテスト印刷を行って、記号サイズとポイント数のバランスを
整えるようにしてください。

❸書類全体の形式

　書類全体の形式とは、作図スペースの枠組みやタイトルの書き方等を
統一するためのルールです。枠組みについては、タイトル行の高さ、登場
人物を明記する列の幅、各登場人物の枠の高さを決めておきます。ただし、
登場人物の枠すべての高さを統一することは困難であるため、最小値を
決めておき、必要に応じて広くスペースを取るようにしてください。

　またタイトルについては、契約プロセス、受注プロセスなど、業務内
容を示すキーワードと「プロセス」という言葉の組み合わせをおすすめし
ます。プロセスという言葉には、業務全体の一部分を示す過程の意味が
あります。これによって「売上業務」という全体に対して、契約する過程、
受注する過程という部分を示すことになります。

[形式を綺麗に整える主なポイント]

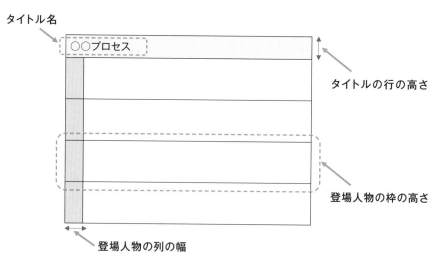

タイトル名

○○プロセス

タイトルの行の高さ

登場人物の枠の高さ

登場人物の列の幅

業務フローチャートを 作成する手順

計画的に進めることが大切

　業務フローチャートを作成する時は、下記図の手順で進めることが基本となります。最初の「1.計画立案と下準備」と最後の「5.表紙と目次を作成して完成」は、作成範囲すべてが対象となっています。そして、「2.ヒアリング」から「4.作成した業務フローチャートの確認および修正」は、業務ごとに繰り返す手順です。

▶業務フローチャートの作成手順

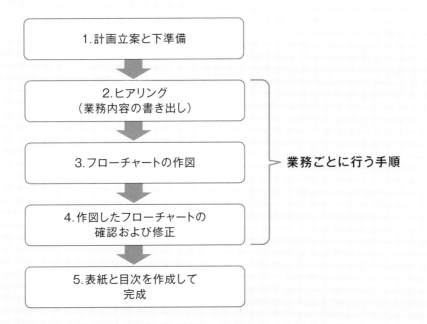

これを要約すれば、最初に作成範囲や作成していく順番等を決めて準備を行い、各業務のフローチャートを作図していきます。そして全業務のフロー図が仕上がった後は、表紙と目次を整えて完成させる手順となります。作成範囲が広ければ多くの部署が関わることになるため、計画的に進めることが大切です。以下、各手順について説明をしていきます。

1. 計画立案と下準備

業務フローチャート作成プロジェクトの計画を立案する時は、下記7点を含むようにしてください。

❶ 目的
❷ 作成範囲（作図する業務の範囲）
❸ 作成者およびヒアリング参加者
❹ ヒアリングする場所
❺ 記号、ルール、体裁等
❻ 作成に使うツール
❼ 作業スケジュール

これら7点を含んだ計画書を作成すれば、「いつ・誰が・どこで・何を・どのように・行う」が明確となり、堅実にプロジェクトを進めていくことができます。なお、プロジェクトが企画段階であり、社内決裁を必要としている場合であれば、フローチャートを必要とする理由やプロジェクトにかかる費用を加えるようにしてください。

下準備とは、関係者への事前説明（キックオフミーティングなど）、ヒアリング参加者への個別連絡、作成に使うツールの準備等を指しております。組織的に取り組む場合は、このような準備をきめ細かく行うことが大切です。

2. ヒアリング（業務内容の書き出し）

　業務フローチャートを作成する時には、実務担当者等へのヒアリングを行って業務内容を書き出す場合と、フローチャートの作成者自身が自分の担当業務について書き出す場合のいずれかが必要となります。なお、この段階におけるヒアリングでは、業務内容のすべてを正しく書き出せることはまれであるため、業務内容を明らかにしていく叩き台の役割が強くなります。

3. フローチャートの作図

　ヒアリング等によって書き出した業務内容に基づき、フローチャートを作図していきます。この時、ヒアリング結果に対する疑問点や不明点が生じることが多いですが、わからない点を推察して補正せずに、なるべくヒアリングした通りに作図することをおすすめします。その理由は、ヒアリングした業務結果を補正する時に、実態から遠ざかってしまう可能性があるからです。そして、その補正したフローチャートが実態よりも良い内容であれば、実務担当者は確認した時に「そのフロー図で合っています」と答えてしまう場合があり、正しい業務フローチャートに仕上がらない可能性があるのです。

　気を利かせた補正をするよりも相手の発言をそのまま作図した結果を提示する方が、ヒアリングを受ける側にとっても自分の説明ミスや説明不足、そして勘違いにも気付きやすくなるため、次工程の確認作業が建設的なものになっていきます。

4. 作図したフローチャートの確認および修正

　ヒアリング結果に基づいて作図したフローチャートは、必ずヒアリングした相手に確認してもらう必要があります。前述してきた通り、最初

にヒアリングした内容が完璧であることはほぼないからです。むしろ、多くの説明不足や勘違いが含まれているため、それら実態と合っていない箇所を見つけて、1つひとつを修正しなければなりません。

　なお、自分自身が日ごろ行っている作業であっても、体系的に整理して適切な順番で説明することは大変難しいため、確認作業を一度行っただけでは業務フローチャートが正しく仕上がらないことが多いものです。そのため、この確認と修正は、業務フローチャートと実態が一致するまで何度も繰り返すことになります。

5. 表紙と目次を作成して完成

　作成範囲すべての業務フローチャートが仕上がれば、最後に表紙と目次を作成して完成となります。完成した業務フローチャート一式は、印刷してすぐに閲覧できる状態にしておきます。パソコン画面で業務フローチャートを見ると一部分しか表示されないため読みづらいですが、印刷しておけば全体を俯瞰しながら流れを確認しやすくなるため実務向きです。なお、表紙と目次のつくり方は、第7章「③表紙と目次を追加して仕上げる」にて説明します。

第4章

業務フローチャートの
つくり方の実践

プロジェクトの計画書サンプル

計画書サンプルから完成イメージをつかむ

　業務フローチャート作成プロジェクトの計画書は、社内的なものであるため形式は問いません。そうは言っても具体的な完成イメージがわからなければ、プロジェクト計画書を作成するのは難しいと思います。そこで基本的な情報を盛り込んだ計画書サンプルを掲載しておきますので、これを参考にして各自でアレンジしてみください。これは第3章「⑤業務フローチャートを作成する手順」で前述したことですが、例えばプロジェクトが企画段階であり、社内決裁を必要としている場合に作成する計画書であれば、フローチャートを必要とする理由やプロジェクトにかかる費用を加えるようにしてください。

　また、「その他」の項目をつけて、プロジェクト完了後の展望や、補足事項や懸念事項等々を記載しておくと経営レベルの判断材料になる場合があります。気にかかっていること等があれば、「その他」を活用して伝えるようにしてください。

業務フローチャート作成

プロジェクト計画書

作成日：×年×月×日
作成者：●●●●●●

<目的>
担当者ごとに異なる手続きを標準化することによって既存業務の有効性及び効率性を高め、新たな課題にも柔軟に対応できる組織体制を実現する。

<作成範囲となる業務>

法人営業	店舗営業	ＥＣサイト営業
商品企画	商品生産	材料仕入
稟議決裁	経費精算	月次決算
・・・	・・・	・・・

<フローチャート作成担当者>
・●●部◇◇◇◇◇◇
・●●部×××××

<ヒアリング参加者>

部署	責任者	実務担当者
営業部	△△部長	法人営業担当◆◆
		店舗営業担当◎◎
		ＥＣサイト営業＋＋
商品開発部	▲▲部長	商品企画担当○○
		生産・仕入担当■■
管理部	○○○部長	経理担当▲▲
		総務担当□□

<ヒアリング場所>
・会議室Ａ

1

<＜フローチャートの形式＞
使用する記号

記号	意味	記号	意味
	・作業、処理		・確認、照合 ・承認 ・各種判断
	・書類 ・電子ファイル		・システム
	・進む方向と繋がり		・商品などの物
	・現金		

フローチャートのサンプル

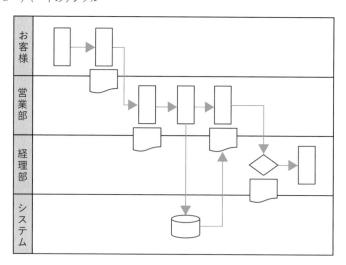

＜作成に使うツール＞
・エクセル
・録音機材

＜作業スケジュール＞
プロジェクト全体の予定
●月●日　　　キックオフミーティング
●月○日　　　初回ヒアリング開始
◇月×日　　　確認用フローチャートの作成
◇月◆日　　　確認と修正（確認のヒアリング実施）
◆月◎日　　　業務フローチャートの完成

初回ヒアリングの予定日時

実施日時	ヒアリング対象者	
●月○日	△△部長	法人営業担当◆◆
●月○日	△△部長	店舗営業担当◎◎
●月○日	△△部長	ＥＣサイト営業＋＋
●月○日	▲▲部長	商品企画担当○○
●月○日	▲▲部長	生産・仕入担当■■
●月○日	○○○部長	経理担当▲▲
●月○日	○○○部長	総務担当□□

※確認のヒアリングは、初回ヒアリング実施後に決定します。

＜その他＞
業務フローチャートの完成後は、運用体制の構築を行います。

②
本書推奨の
ヒアリングシートについて

一般的なヒアリングシートについて

　業務フローチャートを作成するためのヒアリングシートは、一般的に下記サンプルのような形式のものが多いです。

[一般的なヒアリングシート]

プロセス	順番	作業工程	担当者	作業内容	帳票類やシステム	備考
受注	1	注文	取引先	発注書を作成してFAX送付する	発注書	
受注	2	受注確認	営業担当	顧客から受領した発注書の内容を確認する	発注書	
受注	3	受注確認	営業担当	発注書をコピーして店舗に回付する写しを作成する	発注書発注書写	
受注	4	・・・	・・・	・・・	・・・	
受注	5	・・・	・・・	・・・	・・・	

　しかしながら、ヒアリングを受ける担当者が体系的に業務を整理できていない場合には順序よく作業内容を説明することができないため、この形式に従ってヒアリング結果をそのまま書き出しただけでは整理整頓されたデータにはなりません。その結果、ヒアリング中に間違いや矛盾点等に気付き、その場で質問を重ねて深掘りしづらいデメリットも生じます。

　また、そもそも説明を受けた内容を文章で記録すること自体が難しいため、本書では、次に紹介するヒアリングシートを使い、もっと楽に記録できる方法をおすすめします。

　蛇足となりますが、この一般的なヒアリングシートの形式は、内部統制

3点セットの1つ「業務記述書」として使用できます。このことから、あらかじめ整理整頓された業務内容をまとめる目的には、有効性が高いことがわかります。

本書推奨のヒアリングシートについて

　本書が推奨するヒアリングシートは、下記サンプルのように業務フローチャートのフォーマットをそのまま使うことです。これは、説明を受けた内容を、その場で鉛筆等を使ってラフに作図していく方法です。

［本書推奨のヒアリングシート］

○○プロセス

　いきなりフローチャートを作図していくため難しい印象を持つ方もいると思いますが、四角や矢印の記号と、その補足説明となる言葉を簡潔に手書きするだけなので実はそれほど難しくはありません。それどころか、説明をしている実務担当者側は、自分の発言した内容がフロー図で順々に可視化されていくため、次に説明するべき作業がわかりやすくなるメリットがあります。さらに、フロー図を見れば、質問者もヒアリングを受ける側も、説明内容の間違いや矛盾点等に気付きやすいため、ヒアリングの品質が向上していきます。

　そして何よりも、ヒアリング後の業務フローチャートの作成手順「3.フローチャートの作図」（第3章⑤）においては、基本的にはヒアリングシートを清書するだけになるため、きわめて効率的に作図できます。その結果、作図した業務フローチャートを精査する時間のゆとりが生まれやすいため、疑問点や不明点をしっかり洗い出すことにも繋がっていきます。

③

ヒアリングのコツ

ヒアリング時の作図について

　ヒアリングシートへの記述方法は、第3章「①直感的にわかる記号だけを使う」および「②業務の流れと全体像がわかる作図のルール」を手書きで行うことが基本となります。ただし、ヒアリングする時に使う記号は、作業や処理を表す長方形記号と矢印に絞った方が良いでしょう。書類記号やシステムを表す円柱記号についても、書類名やシステム名を長方形記号の近くに書き添えれば十分です。その理由は、作業内容に合致した記号の判別は後からゆっくり行えることであり、ヒアリング中はなるべく実務担当者等の発言に集中した方が良いからです。

[ヒアリングに使う記号]

記号	意味	記号	意味
	・作業・処理 （横型フローチャート）	⟶	・進む方向と繋がり

[ヒアリング時の作図のイメージ]

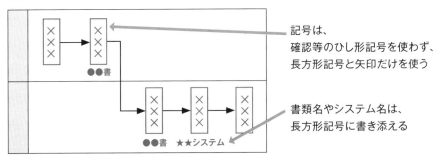

記号は、
確認等のひし形記号を使わず、
長方形記号と矢印だけを使う

書類名やシステム名は、
長方形記号に書き添える

わからないこと、違和感を放置しない

　第３章「③業務フローチャートの作成に使うツール」で録音機材を使って、何度でも聞き直せる状態をつくることを推奨していますが、だからと言って"よく聞き取れなかった点"をうやむやにしないでください。よく聞き取れなかった点は、相手の声が小さい、省略された情報がある等が原因のこともあり、どんなに聞き直してもわからないことが多いです。そのためヒアリング中に"わからない"と思ったことは、必ず"わかる"まで確認するようにしてください。

　また、聞き出した内容に対する違和感は放置しないでください。その違和感は、ヒアリングする人の経験等に基づいた疑問を直感している表れかもしれません。そのような時は、まず聞き取った作業の流れをゆっくり読み上げて確認してください。聞き逃しによる情報欠落であれば、この再確認で違和感が消えるはずです。しかしながら、再確認をしても違和感が消えない場合は、作業時に登場する帳票類等やデジタルデータ等の使い道を確認してみてください。その使い道を把握することで作業の意味や意義がはっきりしてくるため、ヒアリングしている側が何らかの誤解をしている場合には違和感を解消する糸口となります。その他、その作業に関わる他部署へのヒアリングによって多角的に業務を捉えた瞬間に違和感が消えることもよくあります。これらを行っても違和感が消えない場合は作業内容に問題点が生じていることが多いため、（ヒアリング後で構いませんので）その業務のあるべき姿との差異を考察するようにしてください。

話しやすい雰囲気をつくる

　ヒアリングを受ける実務担当者等には、正しく説明しなければならないというプレッシャーがかかり、人によっては「今の作業のやり方が間違っていたらどうしよう」という心理が働いて事実が伝えづらくなることがあるようです。そのため、ありのままの実態を話しやすい雰囲気をつくる

ことが大切となります。

　まず第1に、笑顔で明るく対話する感じで相手にリラックスしてもら
いたいところです。その上で、実務担当者の説明内容に対して肯定的に
受け入れる姿勢を守れば、その相手は気持ち良く話せるようになります。
そして、ヒアリング中には指摘や否定を控えた方が良いでしょう。何度も
指摘や否定をされると、ヒアリングを受けている側はネガティブな感情に
なって話しづらくなります。

　そして、ヒアリングする時は部署ごとに行うものとし、ヒアリングをす
る相手は実務担当者1人だけ、もしくは実務担当者とその直属の上司の
2人までにした方が良いでしょう。複数の部署が混在していると、担当
者が本音で話せなくなる場合があります。また、同じ業務であっても担
当者によってやり方が異なることもあるため、複数の実務担当者を招い
てヒアリングすると混乱を招きかねません。そのため、1つの業務に対し
て1部署の実務担当者1人を原則とするのです。さらに、その業務につい
て異なる視座・視点・視野を持った直属の上司との組み合わせにすれば、
業務本来の目的や他部署との関係、過去の経緯等を補足をしてもらえる
ため、より正しい理解に至る助けとなります。

ヒアリング結果の作図

最初のフローチャート作図は作り込まない

　長方形記号と矢印記号を使って手書きしたヒアリング結果に基づいて、パソコンを使ってフローチャートを作図する時は、第3章「①直感的にわかる記号だけを使う」のルールに従った記号に置き換えていきます。

　手書きのフロー図に基づいてデジタルデータを作成するわけですが、最初は、記号と記号の間にゆとりを持たせるようにしてください。また、記号の配置間隔や高さの微妙なズレ等については、ある程度は許容するようにしてください。これは1回目のヒアリングだけでは業務内容を正しく書き出せないため、2回目以降のヒアリング時の追加・修正等をしやすくしつつ、ムダなエネルギーを使わない工夫です。

　なお、ゆとりを持って作図するためフローチャートのページ数は多くな

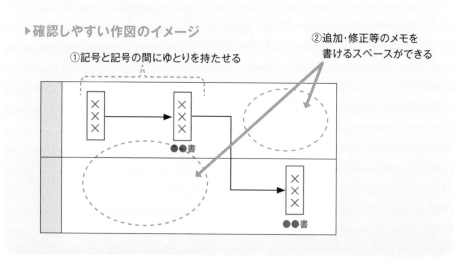

▶確認しやすい作図のイメージ

①記号と記号の間にゆとりを持たせる

②追加・修正等のメモを書けるスペースができる

りますが、そのゆとりスペースには2回目以降のヒアリングメモを各作業ごとに書き残すことができます。そもそも、フロー図を使えば「どの業務、どの作業」に対して確認しているのかがヒアリング相手に伝わりやすいため、お互いに誤解が少なくなり、そして作業レベルから行為レベルの細部へと深掘りしやすいメリットがあります。つまり、深掘りした詳細を、後から確認しやすいようにメモできるのです。

　フローチャートを緻密に整える作業は、完成直前の最終段階で構いません。それまでは頑張り過ぎずにラフにつくってしまう意識を持った方が効率化に繋がります。

ゆとりスペースに疑問点や不明点を入れる

　完成前の確認用フローチャートのゆとりスペースに、あらかじめ疑問点や不明点を箇条書きしておくと、次のヒアリングにおいて確認漏れがなくなります。この一工夫によって、着実に疑問点や不明点が消えていくため、業務フローチャート作成プロジェクトが建設的に進んでいきます。

　なお、疑問点や不明点を箇条書きする時は、なるべく「キーワード＋動詞」といった用言止めにしてください。キーワードだけの記載では、ヒアリング中に具体的な確認事項を忘れてしまう可能性があります。

▶疑問点・不明点の箇条書きイメージ

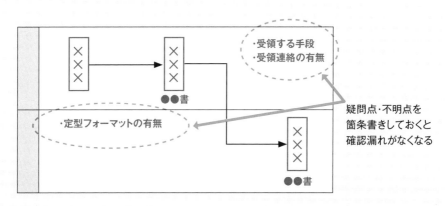

・受領する手段
・受領連絡の有無

●●書

・定型フォーマットの有無

●●書

疑問点・不明点を箇条書きしておくと確認漏れがなくなる

完成するまで確認と修正を繰り返す

　作図したフローチャートの確認と修正は、完成するまで何度も繰り返すことになります。これは筆者の経験則ですが、業務体系がある程度整っている組織であっても、初回を含めて最低でも３回はヒアリングが必要となります。

　ただし、実務担当者には日々の業務に追われながらヒアリングに対応してもらうことになるため、何度もヒアリングを行えないこともあります。また、２回ヒアリングを行えば、確認事項はかなり少なくなっているはずです。このような場合には、前述した確認用フローチャートの疑問点や不明点を"質問形式"にして、期日を決めて回答をもらうようにすれば効率的です。

⑤ 業務フローチャート作図の応用編

作図パターンを統一する

　第3章「②業務の流れと全体像がわかる作図のルール」で説明した作図の基本を習得すれば、それだけで業務フローチャートを作成できますが、実は1つの作業手続きについて複数のパターンを作図することができます。しかしながら、業務フローチャートを完成させる時には読みやすさを重視したいため、同じような作業手続きは作図パターンを統一するようにしてください。ここでは頻出する作業を5つ取り上げて、おすすめの作図パターンを紹介します。これらを参考にして、各自でアレンジしてみてください。

　なお、ここに掲載したサンプルは、次の「⑥業務フローチャートの完成サンプル」より抜粋したものです。

❶複数の書類を同時に扱う時

　同時に複数の書類を扱う時は、書類記号を重ねてすっきりまとめてください。この時、各書類名称が確認できるようにして、なおかつ後ろ側の記号は少しずつ右にずらしていくと書類の枚数もわかりやすくなって、すっきりまとまります。なお、電子ファイルの場合も同様です。

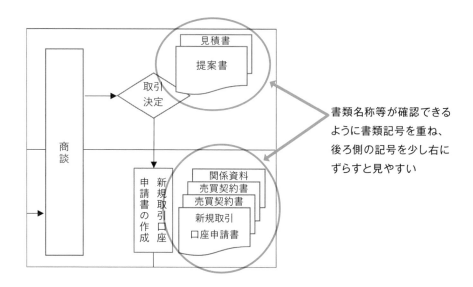

書類名称等が確認できる
ように書類記号を重ね、
後ろ側の記号を少し右に
ずらすと見やすい

❷ 業務の流れは、保管で終わるのが原則

　ほとんどの業務においては書類や電子ファイルを使用するため、その流れの最後は書類等の保管で終わるのが原則です。この原則を守って作図すると、作業の区切りがはっきりしてわかりやすくなります。

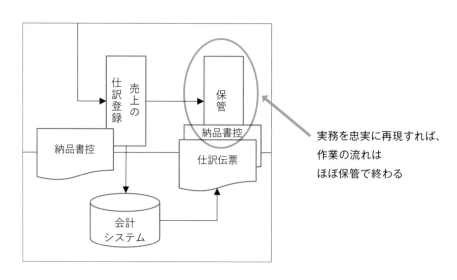

実務を忠実に再現すれば、
作業の流れは
ほぼ保管で終わる

❸WEBシステム等を介したお客様等との やり取りの作図

　WEBシステム等を介してお客様等とやり取りしている場合は、システムを1人の人物と見立ててください。例えば、実務担当者がシステムに対して指示を出した後、命令を受けたシステムがお客様等に情報発信するという解釈をすると下記サンプルのようにすっきりした作図になります。

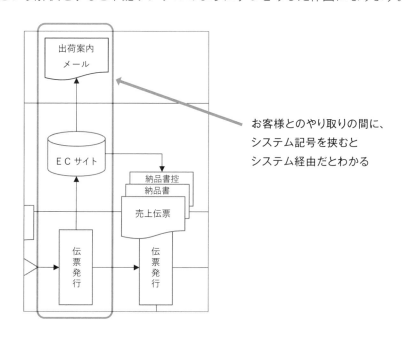

お客様とのやり取りの間に、
システム記号を挟むと
システム経由だとわかる

❹比較を伴う確認・照合等の工夫

　比較を伴う確認や照合とは、例えば、「書類Aの内容について書類Bと比較して確認すること」や「書類Cと電子ファイルDを照合することで書類Cは正しいと判断すること」です。この時、ある書類をチェックするために、比較対象となる他の書類を使うことを明示しておけば、マニュアル利用する際にわかりやすくなります。その作図方法は、確認・照合等を示すひ

し形記号を挟むように、チェックする書類記号と比較対象となる書類記号を配置します。

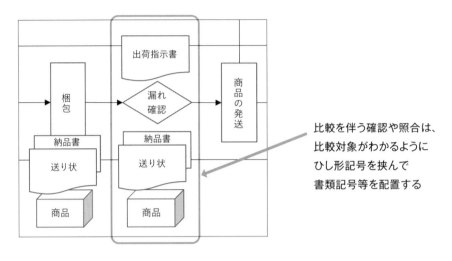

比較を伴う確認や照合は、
比較対象がわかるように
ひし形記号を挟んで
書類記号等を配置する

❺同じ書類等が連続する場合は省略も可

　ある書類に対する作業やチェックを行った後、連続した流れで同じ書類に対する確認や承認等を行う場合は、フロー図を簡素化する目的で2つ目以降の書類記号を省略しても構いません。省略しない方が丁寧かつ正確ではありますが、反復によってくどくなるため、かえって省略した方が読みやすくなります。

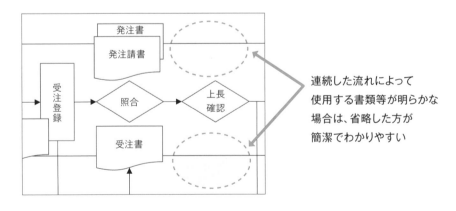

連続した流れによって
使用する書類等が明らかな
場合は、省略した方が
簡潔でわかりやすい

⑥ 業務フローチャートの完成サンプル

本書掲載のサンプルについて

　業務フローチャートの作図に関する基本と応用について一通りの知識を得ても、具体的な完成イメージを持っていないと勘所をつかみづらいと思います。そこで、物品販売の法人取引における"新規売買契約から入金"までの一連の流れ、そして小売業における"店舗販売とECサイト販売"について完成サンプルを掲載しておきます。

完成サンプルの内容

1.新規売買契約 ─┐
2.受注　　　　　│
3.納品　　　　　│ 勘所がつかみやすいように
4.請求書発行　　│ 一連の流れをサンプル化
5.入金　　　　─┘

6.店舗販売　　─┐
7.ECサイト販売 ┘ 他の売上パターン例

　会社によって業務フローチャートの仕上がりは多種多様となりますが、本書掲載のサンプルを見れば作図の参考になる箇所があると思います。ただし、この完成サンプルは絶対的な基準ではありませんので、記号配置のパターンや区切る作業の粒度等を決める参考材料にしてください。

新規売買契約

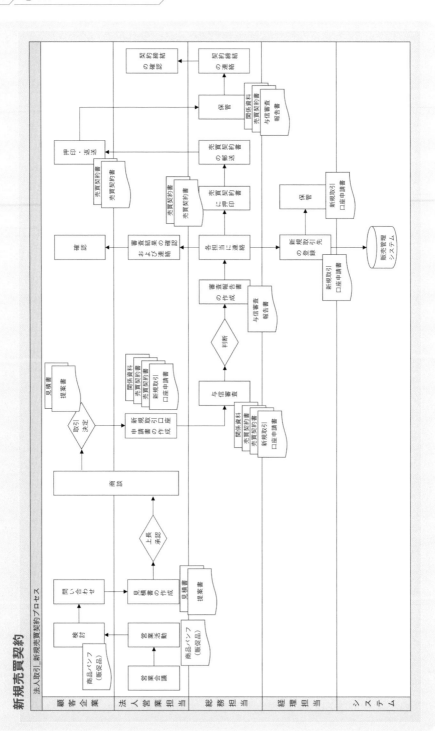

受注

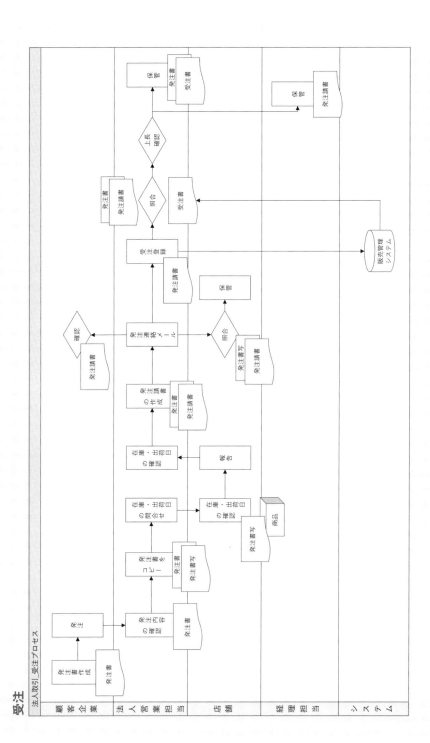

| 顧客企業 | 法人営業担当 | 店舗 | 経理担当 | システム |

納品

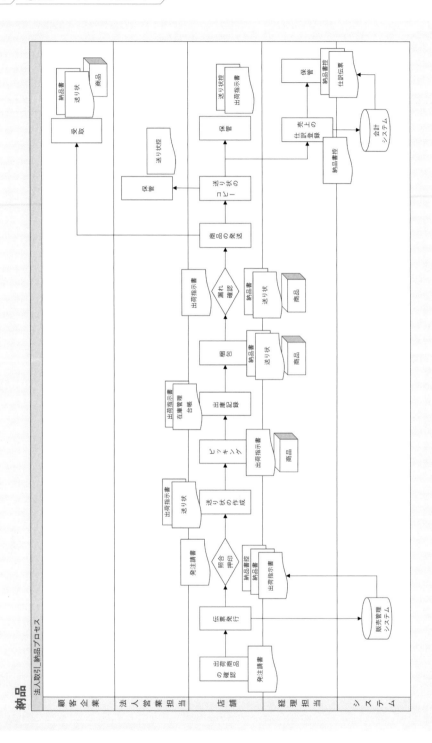

請求書発行

法人取引_請求書発行プロセス

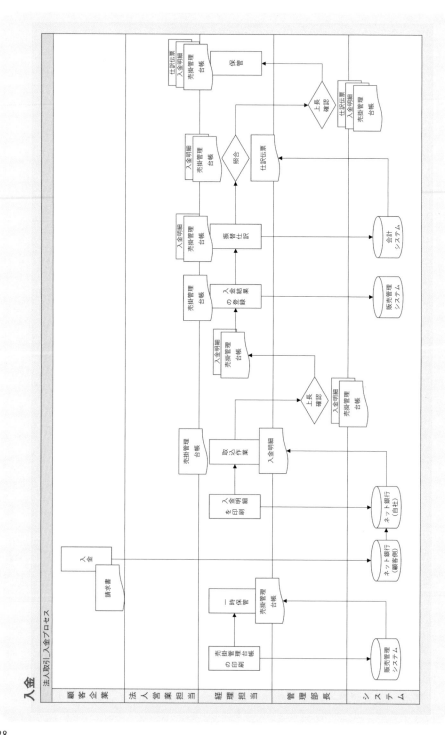

入金

店舗販売

店舗販売プロセス

お客様	来店 → 商品選び → 購入決定 → レジへ行く商品を持って → 金額確認 → 支払い → 釣銭確認(レシート) → 商品受取(商品)
店舗	接客対応 → バーコードスキャン(商品) → お買い上げ金額の確認 → 合計金額を伝える → 代金受取 → 会計処理 → 釣銭確認(レシート) → 釣銭とレシートを渡す → 商品の包装(商品) → 商品引渡 → 御礼の挨拶
システム	レジシステム → レジシステム(レシート)

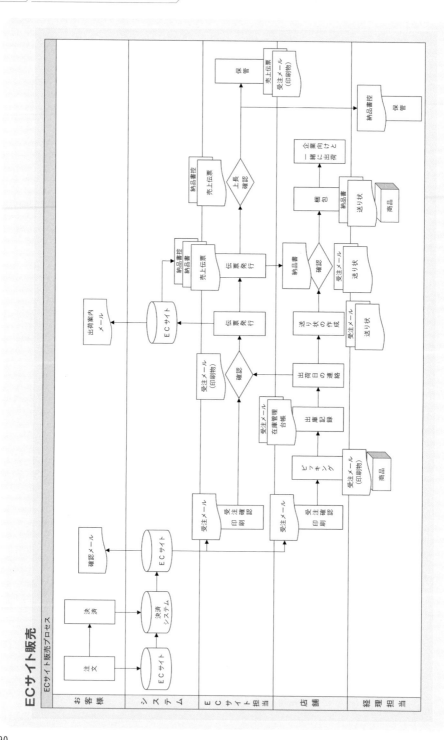

ECサイト販売

第5章

業務フローチャートを
つくれば、見えるもの

① 業務の流れを 組織的な構造としてつかめる

根本的な課題を認識することが大切

　フローチャートを作成することで、業務の流れは初めて目に見えるカタチになります。その結果、「いつ・誰が・どこで・何を・どのように・行う」が整理された状態となって、組織的な構造をつかむ土台ができあがります。

　業務フローチャートを目の前にすると、ついつい作業レベルの問題点を探しがちになりますが、最も大切なことは全体像を捉えた大きな視点で俯瞰することです。大きな視点で俯瞰する時は、例えばビジネスモデルの特性、各部署の役割分担、チェック機能のレベル、情報伝達の方法、事務処理のパターン、システムへの依存度等について認識するイメージです。これらの認識が組織的な構造をつかむことに繋がるのであり、そして、ビジネスモデルや組織体制を抜本的に見直すための必須条件と言えます。

　この大きな視点が最も大切な理由は、部分的な改善をどれだけ施しても根本的な課題が解決しない限りは大幅な効率化等に繋がらないからです。むしろ根本的な課題が解決すれば、その変化に伴って部分的な問題が消えてしまうことが多いものです。つまり、まずは根本的な課題を解決できるように努めることが大切なのです。

　しかしながら、根本的な課題は経営レベルの話であるため即座に対処できるようなものは少なく、その会社特有の事情等もあって、必ずしもすべてを解決できるとは限りません。解決できない根本的な課題がある場合は、その事実を認識した上で、部分的な改善に取り組むという経営判断をすることになります。この時、「やはり最初から作業レベルの問題を探した方が効率的だ」と思う人もいるかもしれませんが、根本的な課題を認

識しておくとおのずと全体を見据えた検討をするため、改善の品質が格段に良くなります。

組織的な構造のありたい姿を考える

　本来ならば業務フローチャートから読み解ける組織的な構造の具体例を紹介したいところですが、同じような組織的な構造をしていても業種・業界・業態・事業規模等によって良し悪しの解釈が異なります。また、作成したフロー図の形式等によっても見え方が異なることもあります。そのため具体例は割愛して、組織的な構造をつかんだ後の考え方についての説明をします。

　その基本は、業務フローチャートから認識できた"ビジネスモデルの特性、各部署の役割分担、チェック機能のレベル、情報伝達の方法、事務処理のパターン、システムへの依存度等"に対して、ありたい姿を描くことです。例えば、ビジネスモデルの特性を際立たせるための改善案を考えること、業務量の偏りを解消するための組織体制を考えること、作業ミスを軽減できるチェック機能の強化を考えること等が挙げられます。つまり、作業レベルの細かいことではなく、「ビジネスモデルや組織体制の構造や仕組みをどのように変えるのか？」を考えることになります。この時、決して忘れてはいけないことは、経営方針・事業コンセプト・事業目標等の方向性に従うことです。

　大きな視点で物事を考えるためには訓練が必要であり、「自分で考えて1つの答えを出してみる」ことを繰り返すことで、徐々に視点の持ち方や勘所がつかめてきます。最初は慣れないかもしれませんが、試行錯誤が多いほど熟練して柔軟な発想ができるようになります。また経営レベルの大きな課題であるため1人で考える必要がなく、むしろ社内全体から幅広くメンバーを募って協議した方が良いくらいです。

　業務フローチャートから得られるものは、業務レベル・作業レベルの情報だけではなく、経営判断にも使えることを覚えておいてください。

②

始まりと終わりがわかる

あらゆるものは始まって終わる

業務フローチャートには、作業や行為に伴うヒトの動き、書類や商品等のモノの動き、現金等のカネの動きが表現されることになります。このヒト・モノ・カネの動きには、必ず始まりと終わりがあります。

例えば、システム入力であれば、入力画面を開くことが始まりであり、入力を終えた後に画面を閉じることが終わりとなります。また、発注書で例を挙げれば、専用の発注用紙を準備することが始まりであり、発注した後のファイル保管が終わりとなります。

このようなヒト・モノ・カネの始まりと終わりがたくさん集まり、組み合わさることで業務の流れができています。言い換えれば、業務フローチャートの作図は、始まりと終わりを意識することが大切になります。

始まりと終わりを意識して見えるもの

ヒトが行う作業や処理に対して始まりと終わりを意識できるようになると、業務フローチャートの流れの中に区切りをつけて、ブロック単位で識別しやすくなります。すると、各ブロック単位で行っていることの意義や意味をつかめるようになり、業務に対する理解が深まります。具体的には第4章に掲載した新規売買契約プロセスであれば、下記図のようなイメージになります。

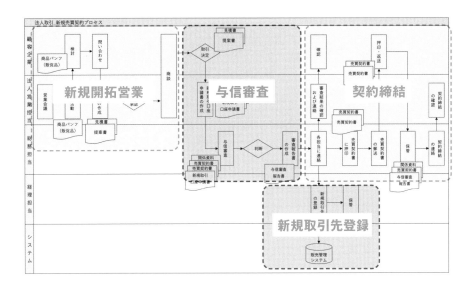

　このようにブロック単位で識別できるということは、作業と情報の流れや変化をわかっていることになります。その結果、各ブロックで扱った書類や物品等を把握しやすくなって、共通する書類・電子ファイル等を通じて関連性の高い他ブロックを識別しやすくなります。そうすると、例えば部分的な改善を行う時には他ブロックに対する影響がすぐにわかるため、改善するべき箇所の漏れがなくなります。

　慣れてくると業務フローチャートを見るだけですぐに区切りのポイントがわかりますが、慣れない内はサンプルのように枠で囲んでみてください。それだけで業務の構造をすっきりと整理できるようになり、ヒアリング不足の箇所にも気付きやすくなります。

③ チェック機能の有無が わかる

チェック機能について

　チェック機能とは、作業や処理の結果に対して、人為的ミスや不正の有無を確認する手続きのことです。人為的ミスとは、例えばパソコンを使って書類を作成した時、キーボードの打ち込みミスをするようなことです。また不正とは、売上金額を意図的に水増しするような行為です。これら人為的ミスや不正は、チェック機能がなければ見過ごしてしまう可能性が高いのです。

　主なチェック機能は、ひし形記号を使って示される確認、照合、承認、各種判断等のチェック作業や意思決定となります。前述した例であれば、作成書類の誤字脱字等をなくすために確認することや、売上金額の水増し等がないように売上情報と各種証憑を照合する例が挙げられます。つまり、基本的にはひし形記号がチェック機能のある箇所となります。ただし、実質的にチェックを行っている作業や処理（長方形記号）については、チェック機能としてカウントできますので見落とさないように注意してください。

　作業手続きの中に"チェック機能のひと手間"が入ると効率性は低下しますが、その代わりに正確性が向上します。正確性が向上すれば"仕事のやり直し"等が減るため、結果的に効率性も向上しているケースは意外と多いものです。だからと言って、むやみにチェック機能の数を増やせば良いわけでもなく、効率性と正確性のバランスを考慮しなければなりません。

ダブルチェックで強化する

　1つの作業や処理に対して、2人でチェックすることをダブルチェックと呼びます。例えば、書類を作成した本人による確認作業が1つ目のチェック機能であり、その書類に対する他者の確認が2つ目となります。

　このダブルチェックがあると人為的ミスが激減するため、チェック機能を強化する場合の基本となります。ミスの許されない大事な書類等に対しては、下記サンプル図のようなダブルチェックの流れを組み込んでおくことが理想的です。

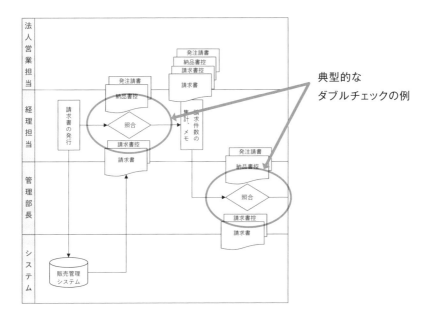

也型的な
ダブルチェックの例

　また、ダブルチェックには不正を行いづらい体制の構築という効果があります。ダブルチェックがなければ不正を隠蔽することも可能ですが、他者のチェックが入ることによって、そもそも不正を行える隙がなくなるのです。

④

情報伝達の課題がわかる

情報伝達を軸にするメリット

ビジネスにおける情報伝達とは、主に仕事に関する情報を他者と共有することと言えます。この情報伝達の在り方が原因となって、ムリ・ムラ・ムダの発生に繋がっていることはよくあります。例えば、必要な情報が共有されないまま作業しなければならないムリ、統一された書類形式がないことに起因した次工程のムラ、同じような書類を2つの部署で不必要に作成してしまうムダ等が該当します。

業務フローチャートに基づいて業務の実態を分析した時、このようなムリ・ムラ・ムダの発生している箇所があれば、その少し前に改善をしたい課題があるとわかります。ここで"分析"という言葉を使った理由は、ムリ・ムラ・ムダは業務フローチャートを読んだだけでは気付けず、フロー通りに行われた結果をよく調べなければわからないことが多いからです。これは情報伝達に起因したものに限らず、ムリ・ムラ・ムダ全般に言えることです。

さて、ここでは情報伝達に起因するムリ・ムラ・ムダを話題にしますが、それは仕事全般を通じて何らかの情報を整理して伝えていく作業が伴うからです。そして、効率性および有効性の高い情報伝達を実現することが「業務の省エネ化」に繋がり、より良い業務体制の構築に貢献していきます。また、何となくボヤッとした視点で改善点を探すのは難しく、情報伝達という1つの切り口を軸にしてムリ・ムラ・ムダを探せば、その過程で他の課題にも気付いていきます。つまり、情報の流れを追いながら業務フローチャートを分析していくことは、効果的にあらゆる課題を浮き彫りにしていく手法となるのです。

情報伝達の課題がある箇所の見つけ方

　情報伝達に起因するムリ・ムラ・ムダがある箇所は、言葉の説明だけではわかりづらいと思いますので、下記サンプルを事例にして補足説明をしておきます。

　下記サンプルは、営業用の提案書を実務担当者がゼロから作成して上長からの承認を得るフローとなっています。もし、長方形記号「修正点の指摘」の回数が多ければ、ここにムリ・ムラ・ムダのいずれか1つ（または複数）が生じている可能性があると目星がつきます。この時、長方形記号「修正点の指摘」に着目した理由は、言うまでもなく修正の回数が多ければ多いほど次工程に進まず停滞するからです。さらに修正する対象が提案書であることから、情報の流れを停滞させてしまう可能性があることにも気付くことができます。

　基本的には、このような情報の流れを停滞させてしまう箇所や、情報の流れを断絶させてしまう箇所（作成した書類が他部署に共有されない状態等）、流れの量（情報量）が安定しない箇所等に着目することになります。

　業務フローチャートを読んでこのような箇所があれば、次のヒアリング時に実態を確認して、確かにムリ・ムラ・ムダが発生しているとわかれば改善するべき課題として取り上げることになります。

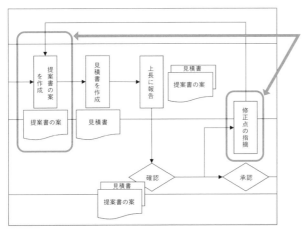

提案書がフォーマット化されていない場合には、何度も修正を繰り返すことが多い

⑤ 心の残業を増やす箇所が わかる

ひし形記号のある箇所に着目する

　情報伝達の課題を見つけて改善することと共通項は多いですが、ここでは別の視点から従業員の「心の残業」を増やしている箇所を見極めるコツを説明しておきます。

　最初に見るべきポイントは、悩みや判断を伴う"考える仕事"のある箇所を特定することです。これは、同じことを繰り返す単純作業ではない箇所を見極めることであり、業務フローチャート上では、主に確認、照合、承認、各種判断等を示すひし形記号のある箇所に着目することになります。

　例えば、ひし形記号で書類チェックを示す場合、誤字脱字等の人為的ミスをなくすことが目的であれば"考える仕事"であっても定型化できるため重視しません。しかしながら、下記サンプルのように提案書案や見積書を確認する場合は、その内容の適切性についての判断が定型化しづらいため、重視するべき"考える仕事"となります。

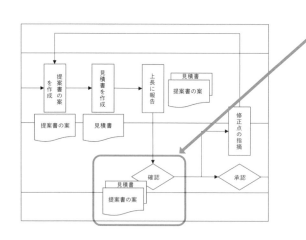

「確認」という表現でも、
内容の適切性について
判断が求められるため、
重視するべき"考える仕事"

このように、ひし形記号1つひとつの目的を明らかにしていけば、比較的簡単に重視するべき"考える仕事"を識別することができます。この識別を楽にするために、定型化しづらい"考える仕事"を示すひし形記号については、作図段階で二重線にしておく工夫等も一案です。

考える仕事の適切さを見極める

"考える仕事"について識別する時は、そのひし形記号1つひとつが役職に応じた権限やスキルのレベル感に合っていることを見極めておく必要があります。

例えば、先のサンプルであれば、外部企業に提出する提案書は戦略レベルの視野を持って確認する必要もあるため、部長等の管理職が承認するべき仕事と言えます。もしも管理職ではない実務担当者が承認を行っているならば、その承認は越権行為になっている可能性があります。この事例であれば、一般的には職務権限規程等によってルール化されているため識別しやすいはずです。

ただし、「心の残業」をなくすためには規定されていない"考える仕事"についても考察しなければなりません。考える物事の重さに応じた役職レベルを見極めなければならないため簡単ではありませんが、第6章で説明する業務改善にてしっかり検討すれば良いため、すぐに識別できない場合には疑問点として保留しておきます。

これら識別の結果、権限やスキルに対して不相応に重い箇所があれば、その"考える仕事"は「心の残業」を増やしている可能性が高いためフロー図にメモ書き等で記録しておきましょう。

定型化されていない仕事を見つける

考える仕事のうち、定型化されていないものは判断基準が曖昧なため、実務担当者にとっては悩みの尽きない「心の残業」を増やすポイントになります。そのため、なるべく判断基準をパターン化することで定型化を目

指すことが基本となります。また、実質的に単純作業と判断できるならば、なおさら定型化しておくことが大切です。

　考える仕事の定型・非定型を正確に識別するためには、その仕事をした担当者に「どのように判断しましたか？」とヒアリングすることと、実際に使用された帳票類・証憑書類を見て事実を確かめることになります。一方、単純作業の定型・非定型を正確にする場合も担当者に「使用しているフォーマットや、守るべきルールはありますか？」とヒアリングして、実際の帳票類等を見るようにしておいてください。

　これら確認結果に基づいて定型化されていない範囲を識別できれば、その範囲をフロー図にメモ書き等して「定型化を検討」と記録しておきましょう。

単純作業化できるブロックを把握する

　心の残業を減らすためには、一連の流れで行っている作業の中に、なるべく定型化しづらい"考える仕事"を組み込まないことが大切です。そうすると、その一連の流れが単純作業となって効率性を高めていくポイントになってきます。わかりやすく言えば、「どのように判断・処理するべきかわからない……」と悩んでしまうポイントをなくした流れをつくることになります。

　具体的な考え方の一例を挙げておくと、一連の流れを第5章「②始まりと終わりがわかる」で説明したブロック単位で捉えて、そのブロックの中で定型化しづらい"考える仕事"の有無を調べます。その結果、定型化できたもの（または、定型化できるもの）しかない場合は、単純作業のブロックになると目星をつけることになります。

　このようにして単純化できそうなブロックを特定し、それ以外のブロックにある"考える仕事"についてもできるだけ定型化することは、「業務の省エネ化」を活かした人員配置を可能にするため「心の残業」の減少に繋がっていきます。

⑥
作業時間を計測すれば
作業ボリュームを数値化できる

作業時間を計測するメリット

　一般的に業務フローチャートを読めば作業ボリュームがわかると言われていますが、実はフロー図から作業ボリュームを認識するためには相当な実務経験が必要です。その理由は、実務経験が豊富でなければ具体的なイメージが湧かないからです。さらに言えば、実際に作業してみればイメージ通りにいかないことが普通です。つまり、業務フローチャートをしっかり読んでも、何となく作業ボリュームがわかるだけなのです。

　作業時間を計測する意味は、この曖昧にしか認識できない作業ボリュームを数値化することにあります。例えば改善前後の作業時間を計測すれば、効率化の度合いが明確になります。また、部署別・担当者別の作業ボリュームを数値化することもできるため、仕事の偏り具合を客観的に認識できるようになります。さらに、必要な作業時間を把握した上で計画的に作業を進めていけば、仕事に対する焦りが消えて心にゆとりが生まれるメリットもあります。

作業時間を計測する方法

　作業時間を計測する時は、計測する作業範囲を決める必要があります。目的に応じて調整することになりますが、1つの目安として第5章「②始まりと終わりがわかる」で説明したブロック単位や、長方形記号およびひし形記号で示す作業単位で区切れば良いでしょう。ビジネスモデルや組織体制の整備・変革等が目的であればブロック単位で作業時間を計測した方が検証しやすくなり、部署内の業務を改善する目的であれば作業単

位で細かく計測した方が検証しやすくなります。

　計測する方法は、例えば、作業に着手する時にタイマーをスタートさせ、作業を終える時にストップするだけです。そして、下記サンプルのように業務フローチャート上に計測した時間を記録しておけば、作業ボリュームを把握しやすくなります。なお、計測する時間が日単位になる場合は、同じような要領で日数を数えてください。

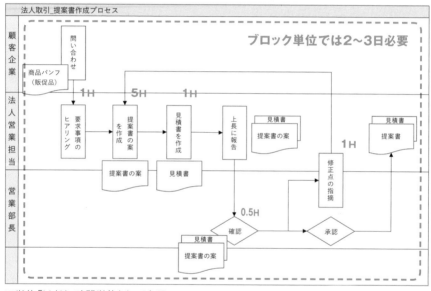

※単位「H」は、時間単位として表記

　その他、縦軸にブロック名称や作業名称を書いて、タイムカードのように作業開始と作業終了の時間を記録した表形式にしておくのも良いでしょう。後々、色々な時間集計に使えて便利なことが多いです。

第 6 章

業務改善の
やり方、進め方

①
業務改善に求められる
経営レベルの意思決定

改善施策には基準が必要

業務改善とは、ムリ・ムラ・ムダが発生している業務上の問題点を解決して、業務全体の有効性と効率性を高めることが目的です。しかしながら、実際に業務改善に取り組もうとした時には「どの程度まで有効性や効率性を高めれば良いのか？」や「どの程度までの改善施策が許されるのか？」といった疑問が湧いてきます。つまり、業務改善に取り組むためにはあらかじめ基準を決めておかなければならず、そのためには次の５点について経営レベルの意思決定が求められるのです。

❶業務改善のテーマ
❷達成したい着地点
❸改善施策の対象範囲
❹改善の手段
❺業務改善にかかる予算

以下、この５点について説明をします。

❶業務改善のテーマ

業務改善に取り組む場合、その方針が出てきた理由が何かあるはずです。その理由について考察すれば、改善するべき現象が明らかになります。さらに、その問題となっている現象に対して"あるべき姿"を考察すれば、業務改善のテーマが見えてくるはずです。

例えば、人為的ミスの多発によって有効性と効率性の低下を招いている場合であれば、改善するべき現象は人為的ミスの多発であり、それに対する"あるべき姿"はチェック作業を行ってミスを防ぐこととなります。その結果、業務改善のテーマは"人為的ミスを防ぐチェック機能の強化"となります。

　業務改善のテーマがなければ他4点を決めることができないどころか、そもそも現状に対して改善するべきポイントがはっきりしないことを覚えておいてください。

❷ 達成したい着地点

　業務改善のテーマが決まれば、そのテーマに従って達成したい着地点を決めておきます。この着地点とは、言わば業務改善のレベル感を決めるものであり、とても大事な基準となります。

　例えば、"人為的ミスを防ぐチェック機能の強化"というテーマだけでは、1つの書類に対するチェック作業の回数について基準が曖昧なままです。そのため、"書類すべてにダブルチェックを組み込む"等の、具体的な着地点を示しておくことが重要となります。

　ここで挙げた一例は業務フローチャートを見れば改善結果がわかるものですが、他にも"〇〇業務の作業時間を〇時間短縮する"や"〇〇部門に配置する人員数を〇人にする"といった着地点の示し方もあります。

❸ 改善施策の対象範囲

　改善施策の対象範囲とは改善を行う業務や部署等を決めるものですが、業務改善のテーマと着地点が決まればおのずと対象範囲は決まることが多いです。しかし、そうであっても誰もがわかるように対象範囲を明示しておけば、改善を行う部署に当事者意識が芽生えてくることが期待できます。業務改善の主役は、改善を行う各部署であるため当事者意識を持って、前向きに取り組んでもらえるように配慮することが大切です。

❹改善の手段

ここで言う改善の手段とは、業務改善を実現するための手段について方針を決めることです。例えば、ITシステムや機器を導入して改善することや、設備投資をしないで"今あるもの"で改善するといった方針が挙げられます。この方針がなければ、"経営者側が低コストで最低限の改善をしたいと思っているのに、改善チーム側が大きな効果を目指して高額なシステム導入を提案してしまう"といった温度差を生じやすくなります。このような事態を回避するためにも、改善の手段を決めることによって、業務改善の規模感について認識を統一させておくことが求められます。

ただし、この改善の手段は、改善による効果と「❺業務改善にかかる予算」のバランス等によって判断されることにも配慮が必要となります。

❺業務改善にかかる予算

改善の手段に応じて、業務改善のプロジェクト全体にかかる予算が変わります。そして、このプロジェクト予算は、費用対効果の考え方によって決まります。費用対効果の考え方は、改善後に得られる利益を想定して、元が取れるための期間を試算していくことが基本と言えます。

業務改善の予算は、改善チームに1つの枠組みを与えるものであり、裁量権を与えやすくなります。また仮に、事前に決めた"改善の手段"を途中で変更せざるを得ない状況になったとしても、その枠組みを1つの基準として代替案を検討できるようになる利点もあります。

②
業務改善の
流れを把握する

業務改善の流れが大切な理由

　業務フローチャートが活躍する場面には、業務マニュアルとしての利用や、業務改善、業務開発、システム導入、DX対応、株式公開および内部統制など多岐にわたるにもかかわらず、第6章からは業務改善に特化しています。その理由は、他の場面においても業務改善の流れが必ずと言ってよいほど入ってくるからです。

　もう少し詳しく説明すると、いずれの場面においても、まず実態を把握するための業務フローチャートを作成して分析を行い、その目的に応じた改善後の業務フローチャートを作成する流れがほぼ入ります。つまり、業務改善の流れがあるからこそ、各場面における目的を実現できるようになるのです。

　以降、改善後のフローチャートを改善フローチャートと呼び、それに対して改善前のフローチャートを現状フローチャートと呼ぶことにします。

業務改善の流れ

　本書で紹介する業務改善の流れは、次ページの図が基本パターンとなります。ここからは、この流れについて詳しく説明していきます。

　なお、会社の方針や改善内容等によって異なる流れになっても構いませんが、その時は"実態を把握した上で改善する"という原則だけは必ず守るように心掛けてください。

▶業務改善の流れ

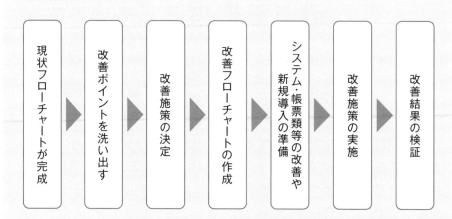

③

改善施策を決定する

まずは業務改善のポイントを洗い出す

業務改善のポイントとは、第6章「①業務改善に求められる経営レベルの意思決定」で説明した「達成したい着地点」を基準にした時、実態が不適切または不十分な手続き等のことです。改善施策を決定するためには、この改善ポイントを洗い出すことから始めなければなりません。

改善ポイントは、改善施策の検討・決定は後回しにして、まずは現状フローチャートの作成範囲すべてから一通り洗い出すことが大切です。その理由は、改善ポイント1つひとつを見て逐一検討していく場合には、部分的な視野だけで改善施策を決定してしまうからです。これでは全業務に共通している問題点を見落として、業務ごとに異なる改善施策を検討してしまう可能性があります。

業務ごとに異なった改善施策になることが必ずしも悪いわけではありませんが、業務体制を統一していく意識を持った方が管理の面においては仕事が簡素化してわかりやすくなります。つまり、組織力の向上に繋がっていきます。また、ビジネスモデルや組織体制の変革を目指す場合であれば、全業務に共通している問題点の発見が、ビジネスの在り方や組織体制の構造を抜本的に見直す切り口に繋がっていくこともあります。

改善ポイントの洗い出し方

改善ポイントを洗い出す時は、次ページのサンプルのように現状フローチャート上に"改善ポイントを示す番号"を記載して、その番号に対して内容を記した一覧表を作成します。このようにすれば改善ポイントが明

確になってわかりやすくなります。

▶改善ポイントに番号で印をする（現状フローチャート）

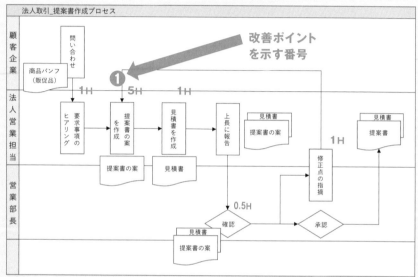

※単位「H」は、時間単位として表記

▶改善ポイント一覧表サンプル

番号	業務名	業務プロセス	担当部署	書類・システム	改善ポイント
❶	売上業務	法人取引_提案書作成	法人営業担当	提案書の案	作業時間がかかりすぎている
❷	・・・	・・・	・・・	・・・	・・・
❸	・・・		・・・	・・・	・・・
❹	・・・		・・・	・・・	・・・

改善ポイントを記した一覧表の項目には、改善ポイントの内容だけでなく、必ず業務名・業務プロセス名・担当部署・書類・システムを入れてください。そうすることで「何を改善するべきなのか？」が明確になって、

改善内容の確認を効率的に行えます。また、改善ポイントの内容は「作成した書類○○に対するチェックが不十分」や「営業部が行うべき作業××を経理部が行っている」など、不適切または不十分と判定した内容がわかるように記述してください。

改善施策を決定して一覧表を完成させる

　改善ポイントを洗い出し終えたら、全体的な視野を大切にして改善施策を決定していきます。便宜上、"決定"と表現していますが、会社によって改善施策を決定していくプロセスは異なり、最初は"仮案"が多いと思います。また、改善施策は第6章「①業務改善に求められる経営レベルの意思決定」で説明した5点に基づいて決定していきますが、その考え方は千差万別になるため本書では割愛いたします。

　改善施策の書き方は、下記サンプルのように改善ポイント一覧表に追加記述してください。そうすると、現状フローチャートの問題点と改善施策を綺麗に整理することができます。

▶改善ポイント一覧表　改善施策を記述したサンプル

番号	業務名	業務プロセス	担当部署	書類・システム	改善ポイント	改善施策ポイント
❶	売上業務	法人取引_提案書作成	法人営業担当	提案書の案	作業時間がかかりすぎている	ヒアリングシートと提案概要シートのフォーマット作成で簡素化する
❷	・・・	・・・	・・・	・・・	・・・	・・・
❸	・・・	・・・	・・・	・・・	・・・	・・・
❹	・・・	・・・	・・・	・・・		・・・

改善ポイントと
改善施策を対応させる

④
改善フローチャートを
作成する

改善フローチャートの狙い

　改善施策を決定した後は、その改善施策に基づいて現状フローチャートに対する修正を行い、改善フローチャートを作成します。改善ポイント一覧表に改善施策を記述するにもかかわらず、わざわざ改善フローチャートを別途作成する理由は、やはり図式化した方が圧倒的にわかりやすくなるからです。

　実務担当者等には従来通りのやり方が定着しているため、改善内容通りに実行してもらうことは難しいものです。そして改善内容を伝える相手は正社員だけでなく、パートタイマーやアルバイトにまで及ぶこともあります。だからこそ、誰もが読んでわかる資料に仕上げておくことが大切です。

修正時の注意点と工夫

　改善フローチャートは、現状フローチャートをベースにして作成しますが、改善前後で何も変化しない箇所はそのまま残すことが大切です。そうすると、"変化していない箇所は今まで通りの仕事をすれば良い"と明示したことになります。記号の配置等が変わるだけでも業務が変わった印象を与えることになって、変化していない箇所についてもムダに読ませる可能性があることに注意しなければなりません。

　一方、業務施策によって変化する箇所は、次ページのサンプルのように"記号の枠線"を赤色や太くする等の工夫を凝らします。すると、一目で業務の変わる箇所がわかるため、誰にとってもわかりやすい資料に仕上がります。

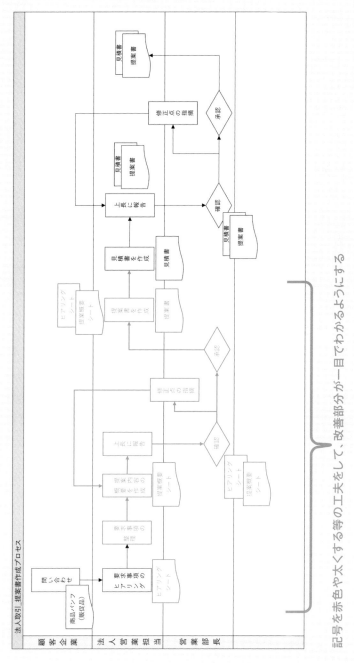

記号を赤色や太くする等の工夫をして、改善部分が一目でわかるようにする

115

⑤ 改善施策を 定着させる方法

改善施策は必然性が大切

改善施策が決定しても実務担当者等には従来通りのやり方が定着しているため、簡単には施策通りの実態に変わりません。そのため、業務の実態が変わる必然性が重要となります。具体的には"システム・帳票類等の改善や新規導入の準備"の工程において、システム導入や書類のフォーマット化等を行って半強制的に手続きを改善させることになります。

多くの人がイメージしやすい手段は、システム導入によって手続きを半強制的に変えることだと思います。システムは良くも悪くも融通が利かないため、実務担当者はシステムの要求通りに処理するしかありません。これが、業務改善でシステム導入が重宝される理由の1つだと思います。

一方、帳票類・証憑書類等も、フォーマット化することで手続きを統制する機能を備えます。システムほどの強制力はありませんが、書類の項目欄や押印欄がやるべき事柄を指示する役割を果たします。例えば取引先から受領する新商品等の提案書について、改善前は必要な情報の項目欄がなくて、後日不足している情報を別途依頼していたとします。この二度手間をなくすための改善施策として、必要な項目欄を備えたフォーマットを取引先に提供する場合が挙げられます。また、改善前は担当者自身による確認だけだった書類があり、その書類における人為的ミスが原因でトラブルが多発していたとします。このトラブルを防ぐための改善施策として、上長によるチェック機能を入れるための押印欄（上長用）を追加する場合も代表例と言えます。このように改善施策を反映したフォーマットを準備すれば、実務担当者等に手続きのルールを明示したことになるのです。

書類で強制力を発揮するためには

　改善施策を反映したフォーマットを準備しても、それだけでは半強制的と言えるほどの効果を発揮しません。ルールを遵守する人でなければ、改善した項目欄や押印欄を徐々に使わなくなることもあるからです。そこで、フォーマット化した書類で強制力を発揮させるため、書類に対するチェック機能を活用することになります。

　書類に対するチェック機能とは、具体的には確認や承認等のことです。その確認等において不備のある書類を差し戻すことを繰り返せば、いずれはフォーマットに従うようになるため強制力が生まれてきます。しかしながら、"書類をチェックする"というルールがあっても、"確認するべきポイント"の中身が不明確なことがあります。これではチェック結果にムラが生じてしまうため、書類の強制力が働きづらくなります。逆に言えば、確認するべきポイントを明確にして、必ずそのポイントをチェックするようにルール化して周知徹底することが大切だと言えます。

改善施策の周知徹底

　改善施策を実施する前には、改善フローチャートのマニュアル化を行い、対象範囲となる全部署に対して研修等を行って周知徹底することをおすすめします。研修が１つの区切りとなって、改善施策に対する意識が強くなり、前向きに取り組む姿勢が生まれることを期待できるからです。もちろん研修だけでは十分な効果を得られない可能性はありますが、ルールが従業員や会社を守ることを踏まえて、きちんと説明する機会をつくっておくことは大切なことです。

　また研修等においては、まずは業務マニュアルや改善ポイント一覧表について一通りの説明をしておく必要があります。その上で、担当者向けには新システムやフォーマットに関する実務面の解説を行い、管理者向けには"確認するべきポイント"の解説を行うようにしてください。このような流れを推奨する理由は、業務改善による全体的な変化を把握すれば、部分

的な変化の意図や意義を理解してもらいやすいからであり、業務の標準化に貢献するからです。

　注意点を1つ挙げておくと、一度の研修を行っただけで周知徹底できたと考えてはいけません。一度説明を聞いただけで正しく理解できる人は少なく、新しい仕事のやり方に慣れるまでには相応の期間を要するのが普通です。

　最後の"改善結果を検証する"工程については、業務の標準化を阻害している原因を解消しつつ、新しいやり方が定着するまでの期間をフォローする方法を説明します。

⑥

改善結果を検証する

改善結果の検証方法

改善施策を実施した後は、改善結果の検証を行って新しい仕事のやり方が標準化したことを確認しておく必要があります。この標準化とは、ある業務について全担当者の仕事のやり方が統一された実態になることです。

改善結果の検証は、改善フローチャートをあるべき姿として、改善後の実態と一致していることの確認が基本となります。具体的には、改善施策の実施から一定期間後、次の2点と改善フローチャートが一致していることを確認します。

❶ 実際に使われた帳票類・証憑書類等の書類
❷ 実務担当者からのヒアリング結果

❶ 実際に使われた帳票類・証憑書類等の書類

改善後の実態を明らかにするものの1つが、客観的な事実として残る帳票類・証票書類等の書類です。これら書類に記録された内容を確認した時、改善フローチャートと一致しているならば新しい仕事のやり方が定着していると言えます。

ただし、1つの取引や案件について一気通貫で揃えた書類を1セットで確認することが大切です。書類ごとに異なる取引等だと、改善フローチャートと実態の流れが一致していることを確認しづらくなります。また、

業務が標準化していることを検証するためには、担当者ごとに1セット以上揃えて確認する必要があります。

❷ 実務担当者からのヒアリング結果

実務担当者からヒアリングする方法では、一気通貫で揃えた書類に基づいて実際に行った業務の流れを説明してもらい、その内容が改善フローチャートと一致していることを確認していきます。その時、"考える仕事"において最終的な判断に至った過程や、各書類に対するチェック機能で"確認したポイント"について詳しくヒアリングしてください。

これらヒアリング結果より、書類には反映されない部分の作業や処理の実態、意思決定において担当者の考えた事柄等を明らかにすることができます。

作業時間の検証について

改善前後の作業時間を計測することで効率化の度合いを検証したい時は、第5章「⑥作業時間を計測すれば作業ボリュームを数値化できる」で説明した方法に従って、計測する作業範囲を等しくしなければなりません。同じ作業範囲で計測するからこそ、意味のある比較ができることを覚えておいてください。

改善フローチャートと実態が不一致の場合

改善結果を検証した結果、改善フローチャートと実態が不一致であれば、業務の標準化を阻害している原因を特定しなければなりません。ただし、もしも改善フローチャート通りに仕事をしていない段階であるならば、新しい仕事のやり方が定着するように個別のレクチャー等で対処しなければなりません。

しかしながら、一定期間は改善フローチャート通りに仕事をしていた

にもかかわらず、何らかの理由によって異なるやり方になっているならば改善施策が適合しなかった可能性があります。例えば、意外と手間のかかる手続きに改悪していた場合、高度なスキルが求められる手続きになっていて対応できない担当者がいた場合、効率化はしたものの心理的ストレスが大きい場合等が挙げられます。このような時は、その原因となっているポイントを探し当てて、現実的な改善施策を再検討しなければなりません。そして、改善施策を再検討した後は、その該当部署については"改善施策の決定"工程まで遡ってやり直すようにしてください。

第7章

業務フローチャートを
マニュアル化する方法

① 業務フローチャートの マニュアル化とは

マニュアル化のメリット

　文章説明が主体となった業務マニュアルは"読むストレス"が生じるため、読まずに日々の仕事をこなそうとする人が増えてしまい、業務が属人化しやすい問題を抱えています。この問題を克服するため、本書では視覚的にわかりやすい業務フローチャートのマニュアル化を推奨しています。

　業務フローチャートをマニュアル化する最大のメリットは、誰でも、絵を見る感覚で業務の流れや全体像をざっくりつかめることにあります。そして"読むストレス"が少ないため、業務マニュアルに対する心理的な障壁がかなり低くなります。

　また、文章説明が主体となった業務マニュアルだと、確認したい手続きが記載されている箇所を索引から探すこともストレスとなり、この手間を嫌って業務マニュアルから離れる人もいます。しかしながらフローチャート形式であれば、業務の流れを目で追って行くだけで確認したい箇所を探せるメリットがあります。また、業務内容を理解している担当者であれば、詳細に記述された文章説明を何度も読み返すこともストレスとなりますが、フローチャート形式であればサッと見直すだけで手軽に確認できるメリットもあります。

　つまり、多くの従業員に仕事をしながら読んでもらうためには、業務フローチャートをマニュアル化した方が何かと便利なのです。

マニュアル化する方法

　業務フローチャートをベースにして業務マニュアルをつくる時は、書類記号で示した書類や電子ファイル等の写しと、円柱記号で示したシステム等のスクリーンショット（使用画面）を印刷して添付します。この書類等の写しやスクリーンショットは、実物であれサンプルであれ1つの取引や案件について一気通貫で揃えておくことをおすすめします。そうすれば、作業の流れを現実的なものとして受け取れるからです。

　書類等を添付する際は、まず業務フローチャート上の書類記号等に対して番号をつけます。この時、書類記号等が登場する順番に採番するようにしてください。そして、その同じ番号を添付する書類等にも手書きやスタンプ等で入れてください。このように番号を一致させることで、業務フローチャート上にある書類記号等について参照するべき添付書類が明確になります。

▶業務フローチャートに書類等を添付するイメージ

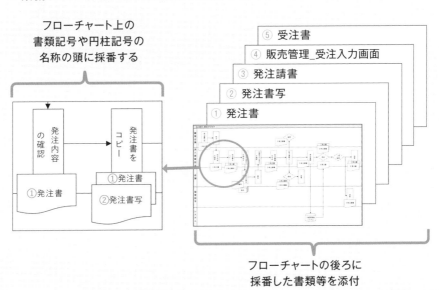

　なお、添付書類のまとめ方は、業務フローチャートの最後に参考書類として入れる方法、添付書類を別紙とする方法等もありますが、プロセスごとにまとめて添付する方法を推奨します。その理由は、少ない枚数から効率的に必要な帳票類等を探せるメリットがあり、業務マニュアルとしての使い勝手が良くなるからです。

▶添付書類のまとめ方イメージ

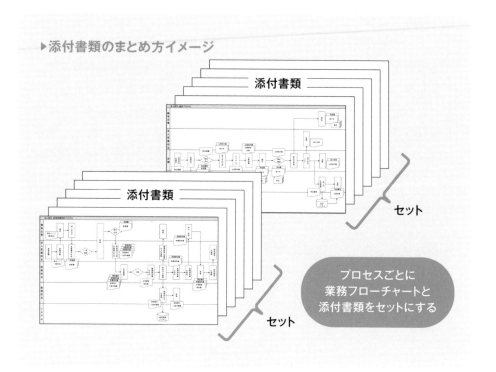

②
添付書類に細やかな 作業手順を明示する

添付書類で完成イメージと作業手順を伝える

　添付書類となる書類等の写しやスクリーンショットは、完成イメージを伝えることが最も大切です。その理由は、完成イメージを見ればそれだけでやるべき作業について大体の察しがつくようになるからです。特に、何度も作成したことのある書類であれば、完成イメージを一目見るだけで十分な確認になることが多いものです。

　また、完成イメージを添付書類にすれば、次ページのサンプルのように作業手順を明示しやすくなります。明示する方法は、手書きやスタンプ等で記入する順に採番するだけでよく、さらに"確認するべきポイント"にマークを入れるとチェック時に大変役立ちます。

注意点や判断基準のメモを添付する

　書類等の写しやスクリーンショットの完成イメージがあっても、詳細な説明がなければわかりづらい箇所や、間違いやすい箇所には注意書きが必要になります。また、定型化された"考える仕事"には従うべき判断基準がありますが、その基準を完成イメージから読み取ることはできません。

　そこで、これら注意点や判断基準について、各添付書類の裏面にメモ書きしておくことをおすすめします。このメモ書きについても、なるべく画像や図表を多用すれば"読むストレス"を軽減でき、"見ればわかるマニュアル"になってきます。そうすることで添付書類によって細やかな作業手順をわかりやすく明示できるようになり、業務フローチャートだけでは伝えきれないキモの部分を盛り込むことができます。

▶ 作業手順を添付書類に明示するイメージ

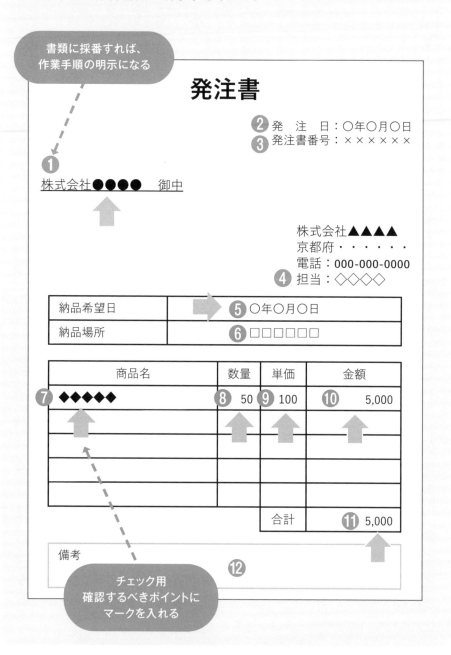

書類に採番すれば、
作業手順の明示になる

発注書

② 発　注　日：○年○月○日
③ 発注書番号：× × × × × ×

① 株式会社●●●●　　御中

株式会社▲▲▲▲
京都府・・・・・・
電話：000-000-0000
④ 担当：◇◇◇◇

納品希望日	⑤ ○年○月○日
納品場所	⑥ □□□□□

商品名	数量	単価	金額
⑦ ◆◆◆◆◆	⑧ 50	⑨ 100	⑩ 5,000
		合計	⑪ 5,000

備考　⑫

チェック用
確認するべきポイントに
マークを入れる

③ 表紙と目次を追加して仕上げる

体裁を整える重要性

　業務フローチャートと添付書類をまとめた後は、表紙と目次を追加して業務マニュアルを仕上げます。ちょっとしたことと思うかもしれませんが、表紙と目次を追加するだけで正式な社内書類という印象が強まり、多くの従業員が引き締まった意識で取り扱うようになります。もちろん社内的な決定を得ないと正式なものとは言えませんが、このような配慮が従業員の意識を変えていくことを覚えておいてください。

表紙について

　業務マニュアルの表紙は、下記サンプルのように「業務マニュアル」と

▶表紙のサンプル

業務マニュアル

作成日：2023年〇月×日
作成者：●●部　業務流太

1/10

マニュアル化しない場合は
「業務フローチャート」を
タイトルにする

タイトルを入れて、作成日、作成者、ページ番号を記載すれば最低限の情報が揃います。その他、業務マニュアルを改定した場合には改定日を追加すると良いでしょう。

　なお、書類等を添付せずに業務フローチャートとして体裁を整える場合は、タイトルを「業務フローチャート」と書き換えてください。

目次について

　業務マニュアルの目次は、下記サンプルのようにプロセス番号、プロセス名称等、各プロセスのページ番号、そして目次のページ番号を記載しておきます。各プロセスのページ番号を記載するためには、その前段階として各プロセスの業務フローチャートおよび添付書類にもページ番号をつける必要があります。

▶**目次のサンプル**

　なお、この目次ページには作成範囲の全プロセス名称が整理されて並ぶことになります。つまり、すべての業務についてフローチャートを作成すれば、この目次が業務全体を俯瞰できる1ページになります。全体的な視野を持って考察する時などは、この目次ページが意外と役立ちます。

第8章

省エネ業務を維持する
運用体制について

業務フローチャートに従う ルールを徹底する

ルールに従うことの大切さ

　一度は業務フローチャートと実態が一致する状態ができたとしても、いつしか実態が変化してしまうことは多いものです。実態の変化だけを見れば、ビジネス上の都合に合わせた変化、熟練に伴う創意工夫、慣れによる横着等に原因がありそうにも思いますが、根本的な問題は"ルールに従って仕事をしていない"ことにあります。

　誰もが「ルールに従うことは大切だ」と認識しているはずですが、業務フローチャートや業務マニュアルにおいては"非現実的なあるべき論"だと考える人が多く、ルールよりも臨機応変の対応を重んじる風潮が強くなります。この臨機応変の対応は業務を属人化させていく要因になってしまい、せっかく標準化されていた体制が崩れて、徐々に業務の有効性と効率性を低下させていく可能性があります。そのような事態を回避するためには、言うまでもなくルール遵守の体制を貫くことが求められます。

　つまり、ビジネス上の都合に合わせた変化が求められる場合や、熟練に伴う創意工夫を行う場合等においても、実態を変化させる前に業務フローチャートを修正しなければなりません。そうすると担当者1人だけに起こる変化ではなく、部署全体の変化となって、業務の品質が組織的に高まっていくことに繋がっていきます。

ルールに従うルールを徹底する

　本来、ルール遵守の体制とは法律、定款、規程、マニュアル等に従うことを組織的に行うことであるため、第7章で説明した業務マニュアルの

添付書類に明示した作業手順、注意点や判断基準を記したメモ書きも対象となります。そして"組織的に行うこと"がポイントであるため、会社として常にルールに従うように指示する必要があります。この指示によって、ルールに従うことをルール化したことになります。

　しかしながら、ルールに従う必要があるからといって、逐一業務マニュアル等を閲覧しながら仕事をするような指示を出さない方が良いでしょう。また、上長が部下の作業手順等を管理することも大事ですが、厳しく管理し過ぎると部下の心理的ストレスが大きくなります。そのような指示を出せば、業務の効率アップを妨げる要因となってしまいます。

　そこで、業務フローチャート等と実態が一致していることをチェックする機会をつくるようにしてください。そのチェック方法は、業務フローチャートを管理する部署等が、第6章「⑥改善結果を検証する」で解説した"改善結果の検証方法"と同じ要領で行うこととなります。なお、チェックを担当する部署は、内部監査室のある会社であれば内部監査室、内部統制制度を導入している上場会社等であれば内部統制の担当部署にしても良いでしょう。内部監査室は業務監査の一環、内部統制の担当部署は運用評価の一環とすれば、計画的にチェックを行えます。これら業務監査等に準じて、業務フローチャートを管理する部署等においても業務

▶ルール遵守の体制をフォローする組織的な機能

<組織的なチェック機能>

・業務フローチャート
　の管理部署等

・内部監査室

・内部統制の担当部署

ルールに
従っていることを
チェック

<各部署>

・実際に使われた
　帳票類・証憑書類等

・実務担当者からの
　ヒアリング結果

ごとに日程を決めて計画的にチェックを行うようにしてください。ルールに従うルールを徹底するためには、これら組織的なチェック機能によってフォローする体制をつくることが不可欠です。

ルール遵守の体制が心の残業を減らす

ルールに従うことをルール化するということは、仮に業務マニュアル等が非効率的な作業手順になっていたとしても、ルール通りの手順で仕事を進めることになります。また、ルールにない事柄があれば、その都度上長に指示や判断を求めなければなりません。つまり、臨機応変の対応を許さないことをルール化したにも等しいのです。

このルールがあると、とにかく決められた作業手順に従って1つひとつをこなしていくことになるため、悩みながら働くことが少なくなり、不要なストレスを抱えることが少なくなります。つまり、従業員の「心の残業」を減らすことができるのです。

臨機応変の対応を重んじる人は、業務マニュアル等の内容に疑問を感じれば、そのルールを無視した方が現実的だと考える傾向があります。この考え方が強まれば業務が属人化していくだけではなく、「マニュアル上の不具合は組織の問題である」と認識されず、業務の品質を組織的に高めていく機会を奪います。

しかしながら、定型化できる仕事すべてを業務マニュアル等に書き出して「業務の省エネ化」を行えば、個人の技能や知恵に頼らなければならない"考える仕事"は限られます。その結果、想像以上にすっきりした業務体制になって、ここぞ！という瞬間がきた時にだけ全力を尽くせるゆとりが生まれます。このような業務体制を維持するためには、業務マニュアル等を適切に運用管理していく必要があります。そして、運用管理を適切に行うことが、組織的に業務の品質が向上していくことに繋がっていきます。臨機応変に対応ができない人をマニュアル人間と揶揄する言葉もありますが、愚直にマニュアルに従う姿勢があってこそ組織体制の強化に繋がっていくことを忘れてはいけません。

②

運用管理者を決める

担当者が決まることの大切さ

　ここでは組織的なチェック機能として触れた"業務フローチャートを管理する部署等"について、もう少し具体的に説明していきます。まず、部署等と幅を持たせた表現をしている理由は、必ずしも業務フローチャートの担当部署をつくれるとは限らないことを考慮して、担当者を決める意味合いも含めたからです。

　物事を進めるにあたって担当者が決まっていることは、とても大きな意味を持ちます。仮に担当者を決めずに業務フローチャートを運用しようとすれば、責任を持って管理する人がいない状態になります。その結果、業務フローチャートと実態が異なってしまっても修正してくれる人がいないため、いつしか業務フローチャートは過去の資料になってしまいます。逆に担当者がいる場合は、例えば業務フローチャートが実態と異なることによって問題が生じたならば、その担当者に責任があることが明確になります。だからこそ、担当者は"自分の仕事"として業務フローチャートを管理してくれるのです。これに限らず、何事においても担当者のいない仕事は成立しづらいことを覚えておいてください。

運用管理者の意味

　運用管理者には、"運用の仕事"と"管理の仕事"の2つがあります。運用とは、業務フローチャートを上手く機能させて仕事で使えるようにすることです。例えば、業務フローチャートをマニュアル化して、各部署等で使ってもらえるようにすることと言えます。一方、管理とは、業務フ

ローチャートを最適な状態にしておくことです。例えば、必要に応じて
業務フローチャートの修正、またはレクチャー等による指導を行い、業務
フローチャート等と実態が一致している状態を維持することと言えます。

　前述した"業務フローチャートを管理する部署等"とは、この運用管理者
のことであり、仕事の内容を明確にするための表記となっています。

<運用管理者の仕事>

<運用>	<管理>
業務フローチャートを 上手く機能させて 仕事で使えるようにする	業務フローチャートを 最適な状態にしておく

作成人材を増やす

　本書冒頭でも説明しましたが、実際に業務フローチャートを作成でき
る人材は少ないものです。業務フローチャートを一通り完成させるに至
った段階であれば、少なくとも1人は作成人材がいる状態ですが、組織
的な対応としては複数の作成人材を養成しておくべきです。そうでなけ
れば、業務フローチャートの作成スキルが属人的なものとなって、その担
当者がいなくなれば会社には技術が残らないからです。つまり、運用体
制を維持するためには作成人材を増やす必要があるのです。

　作成人材を増やす方法には、"業務フローチャートを完成させる時は作
成担当者1人ですべて行い、運用体制を構築する段階になってからその
担当者が他のメンバーを教育していく方法"と、"プロジェクト計画立案の
段階で業務フローチャートの作成担当者を複数名にしておき、その作成

担当者を運用管理者にする方法"の2種類があります。

　前者は、短期間で統一感のある業務フローチャートが仕上がるメリットはありますが、最初の担当者だけがノウハウを蓄積してしまう傾向もあります。後者は、一通り業務フローチャートを作成するだけでも長期間になる傾向はありますが、ノウハウを蓄積した担当者を同時にたくさん養成できるため、運用体制の構築をスムーズに行えるメリットがあります。この選択はコストを大きく左右する部分となるため、経営判断によって決定するようにしてください。

③ 業務マニュアルを すぐに使える環境をつくる

運用体制について

　業務フローチャートの運用体制とは、業務フローチャートを"上手く機能させて仕事で使える環境をつくる"ことです。ただし、実務においては細かい作業手順等のルールが大切であるため、本書では業務フローチャートをマニュアル化してすぐに使える環境をつくることとします。

　これは運用管理者の運用面の仕事であり、第7章で説明した業務フローチャートのマニュアル化が第一となります。この仕事が"上手く機能させる"部分です。次に"仕事で使える環境をつくる"部分は、完成した業務マニュアルを実務担当者等がすぐに閲覧できるように配備することとなります。印刷してファイリングした業務マニュアルを各部署や各担当者に配布することが基本であり、必要に応じて電子ファイル形式で配布しておくことも一案です。ただし、電子ファイルの場合はPDF化等によって無断で内容を書き換えられないようにしておくことをおすすめします。各部署それぞれが都合良く書き換えられる状態では、ルールが乱れていく原因にもなりかねません。

　なお、印刷物を基本とした理由は、紙でなければ閲覧したい箇所を探すことに手間暇とストレスがかかるからです。電子ファイルの場合は、画面に表示された部分しか見ることができず、意外と閲覧したい箇所の表示に手間暇がかかります。キーワード検索する方法もありますが、業務マニュアルに書かれていた内容をある程度記憶していなければスムーズに検索できないことも多く、熟練者向けの対応になりがちです。一方、紙であればパラパラとめくっていくだけでよく、業務の流れを目で追いながら閲覧したい箇所を比較的簡単に探し出せるメリットがあります。

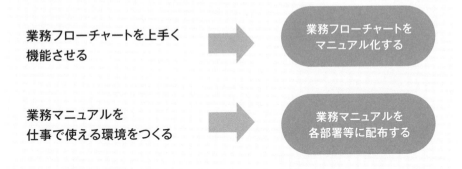

▶業務フローチャートの運用体制

業務フローチャートを上手く
機能させる

業務フローチャートを
マニュアル化する

業務マニュアルを
仕事で使える環境をつくる

業務マニュアルを
各部署等に配布する

配布した業務マニュアルを管理する

　業務フローチャートを修正した場合には、業務マニュアルも修正が必
要となり、当然ながら各部署等が持っている業務マニュアルを最新版に
差し替えなければなりません。また、必要に応じて最新版についての研
修等も行わなければなりません。これらは"業務マニュアルをすぐに使え
る環境"を維持するための不可欠な業務となります。

④ 不具合をすぐ 報告してもらえる体制をつくる

業務フローチャートの不具合とは

　業務フローチャートを一通り完成しても、いずれはビジネス上の都合に合わせた変化、熟練に伴う創意工夫等によって、徐々に実態が変化していくものです。その時、現状フローチャートの手続きでは、仕事ができなくなる不具合や、作業しづらくなる不具合が生じることがあります。これら不具合が発覚した時の対応方法は、ルール遵守で作業を進める原則を踏まえると次の2通りとなります。

❶仕事を中断して上長に状況報告をする
❷ルール通りの結果を上長に報告する

❶仕事を中断して上長に状況報告をする

　これはルール通りの作業では仕事ができない場合の対処であり、自分なりのやり方を検討した上で上長に状況報告を行い、適切な対処方法について判断を求めなければなりません。この時、独断でルールにないやり方をしないことが大切であり、まずは検討した代替案を上長に伝えることを優先してください。
　報告を受けた上長は、業務マニュアル等を確認した上で業務全体や関連部署等への影響を考慮し、運用管理者等とともに代替案の是非を判断しなければなりません。その際、必要に応じて役員の承認を得ることや、

関連部署等との調整を行うこともあります。

❷ ルール通りの結果を上長に報告する

　これはルール通りの作業をしづらくなっている場合の対処であり、やはり独断でルールにないやり方をしないことが大切です。この時は、とにかくルール通りに作業を進めてしまい、区切りの良い段階で作業結果を上長に報告するようにしてください。

　適切とは思えないやり方による作業結果を報告する理由は、ルールが適切ではないことを明らかにするためです。作業手順等がわかった段階で実務担当者には見えてくる不具合であっても、上長や運用管理者にはなかなか見えないことがあります。そのため、作業結果という事実を報告した方が誰もが判断しやすくなるのです。

　なお、作業結果は単に書類等だけを見せるのではなく、元データの不備、作業環境、作業時間の比較など、不具合の要因と思われるポイントや事実を客観視できるデータ等も添えた方がより適切な判断を求めやすくなります。

　仕事を中断する時間や、適切ではないやり方を行う時間が生じるため、このような体制に対して非効率な印象を持つ人もいると思います。しかし、不具合を抱えたまま業務を遂行すると、やり直しを余儀なくされることが多いものです。また、各業務が属人化して業務効率を低下させていくならば、後々には大きなコストを支払うことにもなります。

　そして、一度業務フローチャートと実態を一致させておけば、業務フローチャート等を最適な状態にしておく管理業務は部分的な対応が大半となります。部分的な対応であれば、ちょっとした修正作業で終わることが多いため、専属できる運用管理者がいるならば難なくこなせる仕事になるのです。

報告方法を決める

　業務フローチャート等の不具合が発覚した時は、前述した通り実務担当者から上長に報告します。そして上長から運用管理者に報告して、不具合の解決に向けた打ち合わせを行うことになります。この報告方法をルール化しておかなければ、実務担当者等が不具合に気付いても運用管理者に報告されない可能性が出てきます。

　報告方法について、もう1点補足しておきます。業務フローチャートの修正に伴って規程等の修正が必要な場合も出てくるため、規程等を管理している部署にも報告する場合があります。一般的に規程等は法務部や総務部が担当しますが、その担当部署に対して事前に変更点を伝えておき、最新版の業務マニュアルを使い始める前に規程等を更新してもらう必要があります。

　このように運用管理者をキーマンにした報告体制を構築しておくことは、ルール遵守の体制を維持するためには不可欠です。下記サンプルは、ここで説明した内容を図式化した一例です。これを参考にして各社の事情に適した報告体制を構築してください。

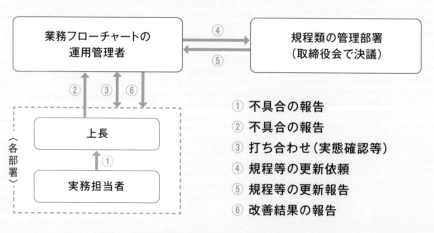

▶運用管理者を軸とした報告の流れ

① 不具合の報告
② 不具合の報告
③ 打ち合わせ（実態確認等）
④ 規程等の更新依頼
⑤ 規程等の更新報告
⑥ 改善結果の報告

⑤ さらに業務の 品質を高めていくヒント

熟練者のノウハウをハウツーに変える

業務の省エネ化とは、現在の業務体制を最適化することです。そのため、省エネ化した業務フローチャートをマニュアル化すれば、それに従うだけで効率的に仕事をこなせます。しかしながら実務担当者が熟練してくると、業務フローチャートにまとめられたハウツーをベースにして、もっと上手く仕事をこなすコツを生み出していくものです。このコツがノウハウです。

基本的に、熟練に伴う創意工夫によって改善する時は運用管理者が報告を受けて対応していくことになりますが、ここで説明するノウハウとは業務フローチャートの修正を必要としない範囲（行為レベル）のものをイメージしています。例えば、作業時の気持ちをコントロールする方法、書類作成時の参考情報の置き方、データを見る時に注目しているポイントや視線の動き等が挙げられます。

このような行為レベルの事柄は些細なことにも思えますが、実は"ストレスを軽減させる働き"や"仕事の堅実さを増す働き"を持つものが多く、「心の残業」を減らすことに貢献していたりします。つまり、熟練者のノウハウからヒントを得て業務マニュアル等のハウツーに組み込んでいけば、業務の品質をさらに高めていく可能性があるのです。

業務フローチャートを3つの視点で見る

最後に、熟練者のノウハウからヒントを得る方法を紹介しておきます。その方法は、業務フローチャートの各作業や確認等（長方形記号やひし形記号）について、それぞれ3つの視点で見ることです。

まず１つ目の視点として、記述されている各作業等を"やるべき事"として認識します。このやるべき事が、各記号において達成するべき目的になります。その上で２つ目の視点は、各記号について行為レベルに細分化した手順を書き出します。そして３つ目は、各行為において熟練者が考えている事柄をヒアリングします。この考えている事柄とは、その行為に対する意図や、その行為によって生じる感情などです。これら３つの視点から業務を分析していくと、熟練者ならではのコツがぼんやり可視化された状態になります。

熟練者のコツは、フォーマット形式や作業手順等を見直すキッカケとなり、業務の効率性と有効性をさらに一歩引き上げることに貢献し得るものです。システム導入による業務改善を行う場合であれば、このコツが仕様決定を左右することも多いです。下記図は第６章「③改善施策を決定

▶3つの視点のイメージ

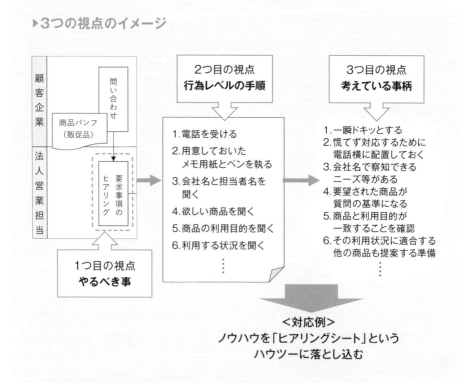

する」のフローサンプルを用いて、３つの視点の在り方を具体的にイメージできるように説明したものです。これを参考にして業務分析を行い、品質アップを目指してください。

業務分析の機会をつくる

　３つの視点で業務分析を行って業務の品質をさらに高めても、その新業務に実務担当者が熟練すれば、やはり新たなコツを生み出していくものです。その時に再び３つの視点で業務分析を行えば、さらなる成長の糧となるノウハウを抽出できる可能性があります。また、社会の移り変わり、政治の動き、法改正、新技術の登場といった外部環境の変化によって、省エネ業務の最適解が変わっていく可能性もあります。

　これらに適時に対応していくためには、業務分析を行う機会をつくらなければなりません。その機会は、第８章「①業務フローチャートに従うルールを徹底する」で説明した"業務フローチャート等と実態が一致していることをチェックする機会"において、実務担当者へのヒアリング項目に盛り込むことが一案です。ただし、あまり頻繁に業務分析を行えば、十分なノウハウが蓄積されていない段階でヒアリングすることになり、さらには日常業務に支障をきたすことも懸念されます。少なくとも新業務で１年以上経過しないと得られないノウハウもありますので、例えば２～３年間で全業務に対する分析を一通り終えるようなサイクルで良いと思います。

　このような分析機能を備えていなくても運用体制をきちんと構築すれば、省エネ業務を維持しつつ「心の残業」を減らせるようになります。もしも、業務分析の仕組みを取り入れることができれば、「業務の省エネ化」を繰り返しながら組織体制を強固にしていくことができるようになります。

巻末付録

業務フローチャート
サンプル

業務マニュアルサンプル

業務マニュアル

作成日：2023年〇月×日

作成者：●●部　業務流太

目次

使用する記号

記号	意味	記号	意味
	・作業、処理 （横型フローチャート）		・作業、処理 （縦型フローチャート）
	・確認、照合 ・承認 ・各種判断		・書類 ・電子ファイル
	・システム	→	・進む方向と繋がり
	・商品などの物		・現金

新規売買契約

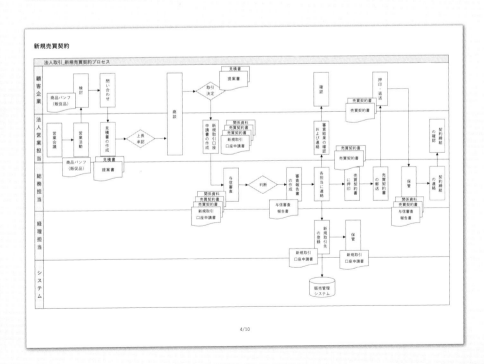

受注

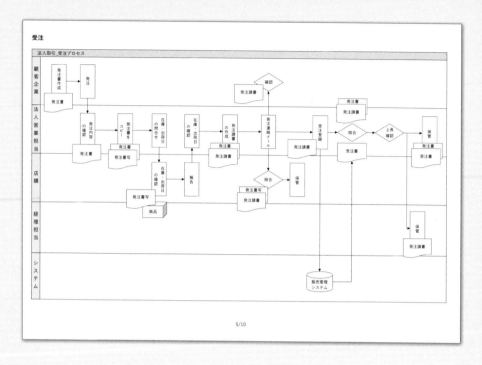

納品

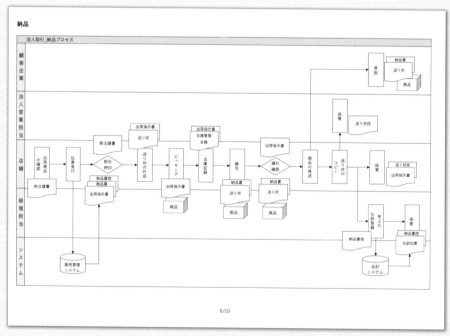

請求書発行

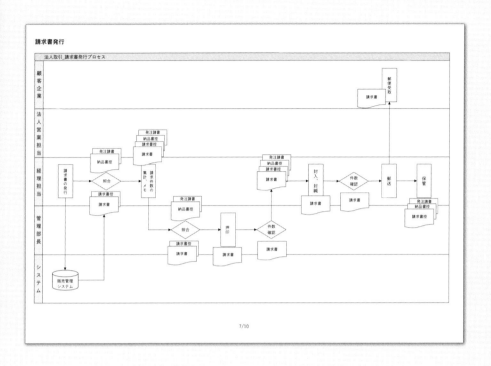

入金

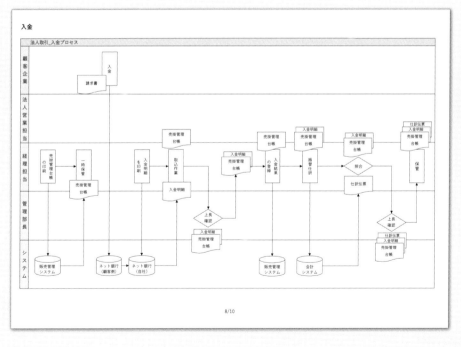

店舗販売

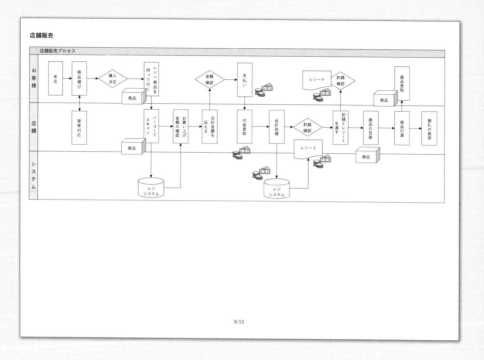

9/10

ECサイト販売

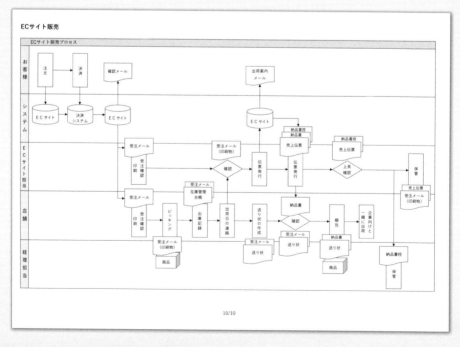

10/10

請求書発行

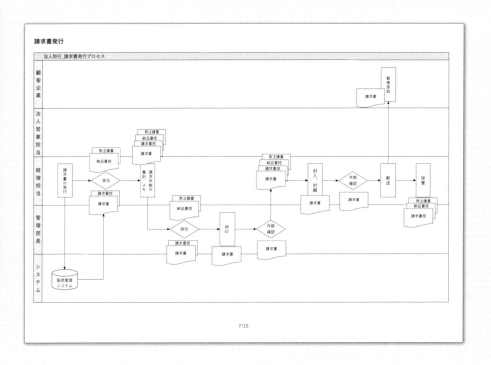

入金

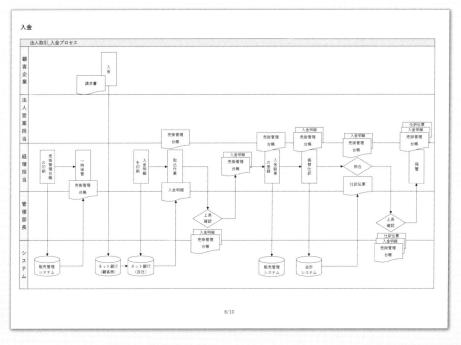

ヒアリングシートサンプル

〇〇プロセス

※業務フローチャートのフォーマットをそのまま使います。

プロジェクト計画書サンプル

作成日：×年×月×日 ●●
作成者：●●●●●

業務フローチャート作成
プロジェクト計画書

<目的>
担当者ごとに異なる手続きを標準化することによって既存業務の有効性及び効率性を高め、新たな課題にも対応できる組織体制を実現する。

<作成範囲となる業務>

法人営業	店舗営業	ECサイト営業
商品企画	商品生産	材料仕入
稟議決裁	経費精算	月次決算
・・・	・・・	・・・

<フローチャート作成担当者>
・●●部◇◇◇◇◇
・●●部×××××

<ヒアリング参加者>

部署	責任者	実務担当者
営業部	△△部長	法人営業担当◆◆
		店舗営業担当〇〇
		ECサイト営業＋＋
商品開発部	▲▲部長	商品企画担当〇〇
		生産・仕入担当■
管理部	〇〇〇部長	経理担当▲▲
		総務担当□□

<ヒアリング場所>
・会議室A

1

<フローチャートの形式>
使用する機器

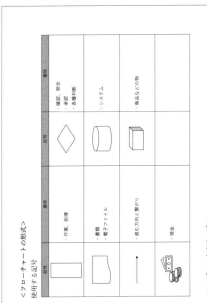

記号	意味	記号	意味
□	・作業、処理	◇	・確認、照合 ・承認 ・各種判断
	・書類 ・電子ファイル		・システム
→	・進む方向と繋がり		・商品などの物
	・現金		

フローチャートのサンプル

お客様
営業部
経理部
システム

2

<作成に使うツール>
・エクセル
・録音機材

<作業スケジュール>
プロジェクト全体の予定
●月●日　キックオフミーティング
●月○日　初回ヒアリング開始
●月×日　確認用フローチャートの作成
◇月◇日　確認と修正（確認のヒアリング実施）
◆月◆日　業務フローチャートの完成

初回ヒアリングの予定日時

実施日時	ヒアリング対象者	
●月○日	△△部長	法人営業担当◆
●月○日	△△部長	店舗営業担当○○
●月○日	▲▲部長	ECサイト営業++
●月○日	▲▲部長	商品企画担当○○
●月○日	○○○部長	生産・仕入担当▲▲
●月○日	○○○部長	経理担当■■
●月○日	○○○部長	総務担当□□

※確認のヒアリングは、初回ヒアリング実施後に決定します。

<その他>
業務フローチャートの完成後は、運用体制の構築を行います。

3

石井 真人 いしい・まさと

個人事業ファクストリを運営。1977年生まれ、京都在住。
某ボランタリーチェーン勤務時代にワインバイヤーを兼務しながら新規事業の立ち上げを責任者として成功させる。その後、東京の株式公開および内部統制のコンサルティング会社を経て独立。新規事業の立ち上げや業務開発のサポートを数多く経験して幅広い実務スキルを蓄積。現在は、主に事業計画書、業務フローチャート、データ分析の実務指導や各種研修をしており、DX推進のサポートも行う。

ホームページ：https://facstory.work/

誰でもわかる！
業務フローチャートのつくり方

2023年11月15日　初版第1刷発行
2024年6月15日　初版第2刷発行

著　者	石　井　真　人
発行者	延　對　寺　哲

発行所　株式会社ビジネス教育出版社

〒102-0074　東京都千代田区九段南4-7-13
TEL 03（3221）5361（代表）／ FAX 03（3222）7878
E-mail ▶ info@bks.co.jp　URL ▶ https://www.bks.co.jp

印刷・製本／モリモト印刷株式会社
装丁・DTP ／株式会社参画社
落丁・乱丁はお取替えします。

ISBN 978-4-8283-1040-4